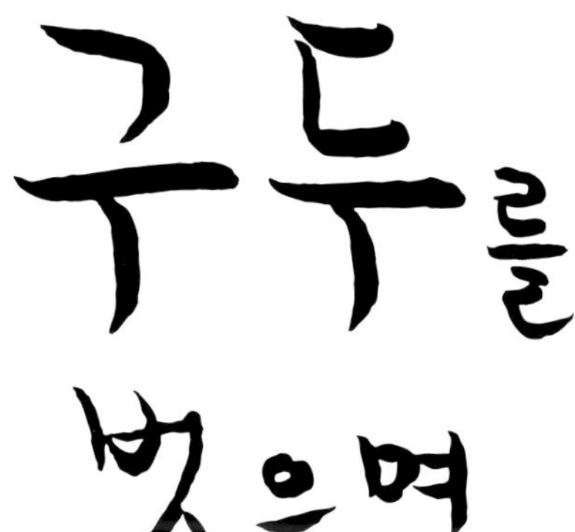
구두를
벗으며

서울글사랑 동인지 제10집(2013년)

구두를 벗으며

초판 1쇄 인쇄일 2013년 8월 30일
초판 1쇄 발행일 2013년 9월 6일
지은이 서울글사랑 동호회
펴낸이 윤송석
발행처 도서출판 서정문학

출판등록 제2012-000061호 (2008. 3. 10)
주 소 서울시 성동구 천호대로 366 미라보타워 911호
전 화 02-720-3266 팩 스 0505-115-3266
이 메 일 sjmh11@hanmail.net
홈페이지 http://cafe.daum.net/seojungmunhak.com

ISBN 978-89-94807-20-1 03810

· 값은 뒤 표지에 있습니다.

| 서울글사랑 동인지 제10집(2013년) |
구두를
벗으며
서정문학

아름다운 동행이 계속되기를 바라며

서울글사랑 동호회 회장 안 준 희

서울글사랑 열 번째 동인지를 펴내게 되어 매우 기쁘게 생각합니다.

우리 동인지는 서울과 문학을 애호하는 서울시공무원 선후배로 구성된 〈서울글사랑 동호회〉 회원들이 서울의 문화와 자연, 삶의 모습 등을 글로 표현해 2004년부터 한 해도 거르지 않고 발행돼온 전국 유일무이의 공무원 동인지라는 점에서 의미가 큽니다. 더군다나 서울글사랑을 창설했던 선배 회원들께서 은퇴 후 한국문단의 중견 문인으로 눈부신 활동을 하고 있어 서울글사랑이 일취월장하는 데 많은 도움이 되고 있습니다. 우리들 또한 세월이 흐르고 위치가 달라지더라도 서울글사랑을 통한 아름다운 동행이 계속되기를 소망합니다.

이번에 나오게 된 동인지 '구두를 벗으며' 에는 서울글사랑 회원들의 작품 91편과 그동안 자매결연을 통해 수시로 서울과 춘천을 오가며 진솔한 문학적 공감대를 형성해온 문채(춘천문학동인회) 회원들의 글까지 수록돼 한층 풍성해졌습니다.

서울글사랑 동호회는 공직을 수행하는 긴장의 시간 속에서도 작은 여유를 통해 서울 사랑을 다양한 문학 장르로 승화시켜 왔습니다. 또한 창작활동과 더불어 사회복지시설 일손 돕기, 사랑의 연탄배달, 청계천변 쓰레기 줍기 등 소외된 이웃과 아름다운 서울을 가꾸기 위한 다양한 봉사활동에도 게을리 하지 않았습니다.

이번 동인지를 발행함에 있어서 회원들을 설레게 한 것은 박원순 시장님과 김명수 서울시의회 의장님께서 처음으로 발간 축사를 보내주셨다는 것입니다. 감사한 마음 올립니다. 커다란 격려와 용기를 북돋아주심에 힘입어 서울글사랑은 앞으로도 또 다른 10년을 바라보며 예지의 힘을 모아 더욱 열심히 일하고 글사랑 활동도 분발할 것입니다.

끝으로 바쁜 일정을 쪼개어 동호회 활성화와 동인지 발간 등에 헌신적으로 애써 주신 서울글사랑 임원진의 노고와 열 번째 동인지에 좋은 작품으로 참여해주신 회원님들께 진심으로 감사드립니다.

'시의 도시 서울' 만드는 데 큰 역할 해주길

서울특별시장 **박 원 순**

서울시의 시인, 소설가, 수필가가 다 모여 있는 서울글사랑 동호회의 열 번째 동인지 발간을 진심으로 축하합니다.

서울과 문학을 사랑하는 서울글사랑의 역사가 어느새 10년이나 됐다니 깜짝 놀랐습니다.

바쁜 업무 중에도 문필가로서의 감수성을 잃지 않고, 하루하루 자신의 삶을 음유하고, 기록하는 여러분이 참 아름답습니다.

저는 서울시가 책 읽는 도시, 시 읽는 도시가 되길 바랍니다.

지난 6월에 시민청 바스락홀에서 대한민국을 대표하는 문인들과 함께 「詩의 도시 서울」 만들기 정책토론회를 가진 바도 있지요.

'詩의 도시 서울' 이란 단순히 문학적 의미만을 갖는 것이 아닙니다. 그 속에는 바쁘고 지친 일상 속에서도 시집을 펼칠 수 있는 생활의 여유와 삶의 질을 이야기하는 것입니다.

서울글사랑 회원님들도 좋은 글과 문학인의 성찰로 '시의 도시 서울' 을 만드는데 큰 역할을 해주시리라 믿습니다. 서울 글사랑의 모두 회원님들의 건필과 행복을 기원합니다.

감사합니다.

議

앞으로 더욱 왕성한 창작활동 기대

서울특별시의회 의장 김 명 수

먼저 서울글사랑 동호회의 열 번째 동인지 발간을 진심으로 축하드립니다.
무엇보다 늘 공무로 바쁜 우리 서울시 공무원들이 시간을 아껴 詩를 논하고 동인지를 발간했다는 소식이 참 반갑습니다.
요즘 우리 사회에 인문학 열풍이 불고 있다고 합니다. 이 또한 반가운 소식입니다. 한 동안 인문학의 위기라고 해서 우려의 목소리가 높았는데 참 다행스럽습니다. 그런데 인문학이 그러한 위기를 넘기고 우리에게 다시 다가온 것은 서울글사랑 동호회처럼 문학을 사랑하는 분들의 힘이 있었기 때문이라고 생각합니다.
흔히 우리가 알고 있듯이 문학을 한다는 것은 무척 어려운 일입니다. 많은 공부를 해야 하고 끊임없이 사유해야 하는 일이어서 그렇습니다. 그럼에도 불구하고 우리에게 꼭 필요한 이유는 사유하는 힘을 길러주어 인간을 인간답게 살도록 해주기 때문입니다. 그러한 문학이 감동을 주려면 새로워야 하고 또 의미가 있어야 합니다. 또 건강해야합니다.
차원은 다르지만 서울시민을 위한 공무원 여러분의 일도 마찬가지가 아닐까 생각합니다. 서울시민에게 감동을 주려면 시민을 대하는 여러분의 마음가짐은 늘 새로워야 하고 그 일 또한 의미가 있어야 합니다. 행함에 있어서 건강해야 합니다. 그럴 때, 우리 천만 서울시민은 서울시의회가 지향하는 '살맛나는 따뜻한 서울'에서 살게 될 것입니다. 지금도 열심이시지만 조금 더 애써주실 것을 부탁드립니다.
앞으로 더욱 왕성한 창작활동을 기대하며 회원 여러분의 건강과 행복을 기원합니다.
고맙습니다.

목차

김평길

박경애

박문희

손옥경

신현봉

안준희

양순복

양형남

위재량

유시희

이동문

이병석

이용주

이춘원

이홍수

조동순

진준섭

한선

수필

문채회원 초대시

시

김미영

- 나목
- 봄비
- 에스컬레이터

약력

· 구로문인협회 회원 · 한국문인협회 회원
· 국제펜클럽 회원
· 서울글사랑동호회 회원
· 서울시 복지건강실 근무

나목

먹먹하게 가슴을 재우고
바람조차 일지 않는
적막한 길은 끝이 없다

봄을 갈망하는 오랜 염원은 해마다 피어나고
너무나 잘 알고 있는
꿈은 피고 시들어 간다.

비바람조차 오히려 활력이 되는
고목이 되어 버린
오랜 이슬에 익숙해진
심장은 주소가 없다.

봄비

막 샤워를 마친 여인의 살갗처럼
바람은 촉촉하게 온몸을 휘감는다.
열은 안개 온누리에 퍼져
신선한 공기 피어올라 자욱하다.

매섭게 몰아치던 세파는
포근한 외투가 되고,
천지를 생동시키는
경쾌한 리듬의 하모니가 되어 피어 오른다.
모든 어수선함과 혼동을
가만히 가라앉혀주는 축복의 전령.

에스컬레이터

5호선 전철역 에스컬레이터에서
아스라히 엇갈려가는 인연들

수많은 질곡의 연속선에서
물끄러미 천장을 응시한다.
알 수 없는 막연한 미래
그저 그렇게 흘러가겠지
조바심이 일상에 녹아들고
아무런 감각없이
도시의 하루는 반복된다.

퇴색된 흑백사진 속 얼굴들이
아롱아롱 흘러가고
야무지게 영그는 과실수 부러웁다.

오랜 옛친구라도
우연히 마주치게 되면
가까운 커피숍에 들러 차한잔 할까?

김연성

- 우리 속에서
- 향기 나는 모자에 관한 연구
- 서사가 없는 하루
- 우리는 우리가

약력

· 1961년 강원 양양 출생
· 2005년 계간 『시작』 신인상 등단
· 시집 : 『발령 났다』

우리 속에서

당신은 너무 정치적입니다
(누군가를 포섭하기 위해 언제나 분주하게 돌아다닙니다)
사람들은 자주 흩어집니다, 더러운 황사처럼

그는 사회적 동물입니다
(가는 곳마다 새로운 모임을 만들고 총무를 합니다)
모임은 오래 가지 못합니다

그녀는 쇼핑광입니다
(날마다 무거운 쇼핑백을 든 두 눈이 반짝입니다)
카드연체가 점점 불어납니다, 하얀 눈덩이처럼

나는 세상을 향해 할 말이 별로 없습니다
(오래전의 죄 앞에
자꾸 절하고 싶어지는 날이 많습니다)
점점 종교적 인간이 되어갑니다

그러면 우리는 무엇이란 말인가
(당신과 그와 그녀와 내가…)
시청 앞 푸른 광장에서 어느 날 집회를 갖는다면?

향기 나는 모자에 관한 연구

본 고안은 향기 나는 모자에 관한 것이다

사용자의 두부에 착용되는 모자가 향 발산용 직조천으로 짜여지도록 하여 모자 착용시 발산되는 향이 착용자의 후각 또는 두부로 전달되어 땀 냄새를 대신하여 자신의 취향에 맞는 향은 물론 그 향내음의 흡입으로 치료효과를 얻을 수 있도록 한 것이다

누가 대머리의 설움을 아느냐
절박할수록 너무 많은 것을 기대하면 안된다

차양 캡을 갖는 모자는
태양의 직사광선을 차단하거나 대머리에게 미관상 꼭 필요할 뿐
쓸데없이 아무나 착용할 필요는 없다

사실, 따가운 눈총을 차단한 심리적 효과만으로 대머리는 안심하고 거리를 활보할 것이다

향기 나는 모자가 향 발산용 직조천으로 이루어짐을 특징으로 하는
것은
누구나 짐작하겠지만 시각효과를 후각효과로 극대화시켜보자는
노림수다

모양과 느낌에 대한 끝없는 연구가 필요하지만
향기 나는 모자를 제작한 회사에서 더 많은 모자를 판매하려면

말하자면 향기 나는 모자를 쓰면
자연스러운 다이어트 효과가 있다고 과장광고를 하면 어떨까
아니면 모자를 쓰자마자 옛 애인이 다시 돌아온다고

어느 날 누군가 불쑥,
당신 앞에 나타날지 모른다
향기 나는 모자를 꾹 눌러 쓰고

서사가 없는 하루

죽음이 발음되지 않는 잎들은 겨울의 초입에 몰려있다
차디찬 차도를 따라 바퀴들은 재빠르게 달려간다
기종이 다른 경적을 울리며 가로세로로 질주한다
사람들의 심장이 어디에 불타고 있는지 보이지 않는다
수상한 가계의 전통 때문에 아침마다 혈압약을 먹는다
사는 동안 해골을 잘 간수해야 한다
어느 골목에선가 지게작대기처럼 툭 쓰러질지 모른다
목젖까지 젖히고 삼켜야하는 통증은 쓰고 길다
목울대 가득 번지다 실신하는 이미지들은 매일 아침 어디로 떠날까
입모양 밖으로 탈출을 감행하는 빛나는 말이 없기 때문에

모든 자로(字路)에 대해 슬퍼해야 하는 늦은 저녁이 한꺼번에
몰려오리라
더 이상 나아질 것도 없는 하루의 낯선 얼굴이 고개 숙인 채
내 안으로 들어오고 있다

우리는 우리가

가질 수 없는 것을 탐한다 두 눈은
건너갈 수 없는 강 건너 쪽을 바라보고 늦은 저녁마다
아무도 찾을 수 없는 곳에 둥지를 틀려한다
하루 또 하루 죽을 때까지
결코 소유할 수 없는 것에 끝없이 침을 흘린다
무슨 짓을 하는 지도 모르며 살고 있다 우리는
우리가 한 순간의 욕망으로 쓰나미처럼 불어나기 전에는 얼마나
위험한 존재인지 모른다
한 동이의 뜨거운 물을 들이붓기 전에는 절대로 분리될 수 없는
흘레붙은 두 마리의 개처럼
비열한 거리에서 서로의 등을 맞대고 낑낑대듯이
어느새 등 뒤에서 일평생이 기울고 있다
우리는 우리가 어느 강을 건너는지 모르고

김우정

- 산을 찾다
- 골목길
- 춘곤증
- 생명1
- 생명2

약력

· 전남 진도 초사리 출생
· 월간 문학세계 신인상으로 등단 · 학술 및 저술공무원 서울시장 표창
· 서울시 서울이야기 시, 수필공모전 제7, 8회 입상
· 시집 : 『살아있다는 것만으로도 행복하다』『삶의 길목에서』 외
· 공저 : 『아침 수평선 』 외 다수 · 현) 서울시청 행정국 총무과 재직

산을 찾다

온기를 가진 바람이 소올솔
가슴에 스며들어
이리 뒤척 저리 뒤척
온몸에 벌렁벌렁
바람을 넣어
산에 오르자며
등을 떠민다

솔숲에 앉아
고개를 들어 하늘을 보고
저 멀리 강을 보고
눈 안에 들어온 또 다른 산을 본다

삶에 막힌 가슴이 뻥 소리를 낸다
쥐 내린 머리가 시원스레 풀린다
온몸이 한 마리의 새가 되어
하늘을 난다

골목길

눈부신 햇살이 내려앉아
세월의 흔적을 곱게 물들인 노인과
머루알 같은 지난 삶을
두런두런 얘기하고 있다

머리에 분홍색 나비가
앉아 놀고 있는 애완견 한 마리
가로등을 기웃거리는 나방처럼
주변을 맴돌고 있다

여유롭게 먹이를 찾는 비둘기 몇 마리
구구구 구구구 토톡
볶은 참깨 알 같이 살아온
삶의 얘기를 쪼고 있다

춘곤증

봄볕에 쌩긋 터지는
꽃 웃음소리를
산과 들에 새싹새싹 속삭이는 연녹색 소리를
자장가 삼아
천근같은 눈꺼풀 내려앉으면
나른한 몸을 의자에 기대어
나긋나긋 꾸벅꾸벅 새근새근
봄의 옹알이 속에 졸고 있다

창밖에서 안을 엿보던 햇살
웃음 띤 얼굴로 따라서
졸고 있다

생명1

늦은 봄 꽃바람을 타고
돌담에 둥지를 튼 가날픈 풀씨 하나
오직 살아야겠다는
열망을 품고 싹을 키웠으리라

살아보려는 것은 외로움인가
외로웁기 때문에
홀로 서려는 것인가

간지럽피는 바람에 고귀한 생명이
그네를 타듯 즐거워한다

생명2

직접 키운 주말농장 배추밭에
언제부턴가 벌레들의
잎 갉아 먹는 소리가
사가사각 들린다

요놈들 봐라
누가 먹을 건데 먼저 먹고 있다
요놈들을 잡아야
내가 배추를 먹을 수 있다

살기 위해서
먹기 위해서
몸부림을 치는 배추벌레들
매일매일 살기 위한
내 몸짓을 보는 듯하다
손을 쭈빗 내밀었다가 멈칫거린다
잡을려고 하니 애처롭다
먹으면 얼마나 먹을까?

내가 먹을 것을 먹어대는
요놈들의 몸부림을 어찌할지 몰라
눈을 떼지 못하자
가슴속으로 바람의 시릿함이
짠하게 스며든다

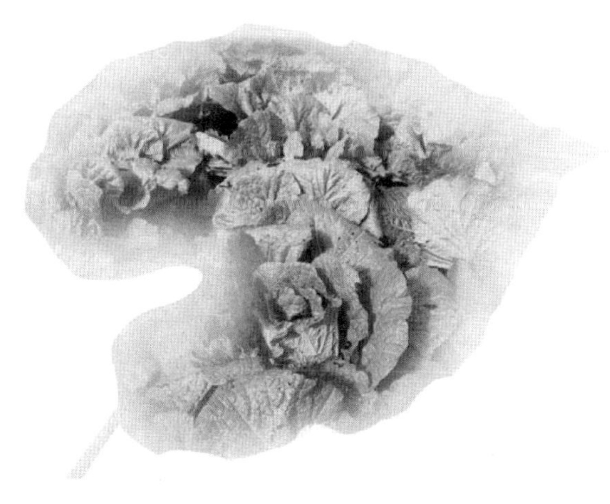

김평길

- 고추 잠자리
- 소금 연무 궁합
- 세월의 강

약력

- 1954년 춘천 출생
- 2012 서울시 글사랑 동호회 회원
- 동천시집 1,2000여편 수록
- 현)동부도로사업소 근무

고추 잠자리

어디론가 흘러가는 구름이더냐?
먹장구름 일어 한줄기 시원한 소낙비
비바람 찢기워진 나뭇가지 속살 드러낸
처절한 울부짖음에 까치마저 슬피우네

영롱한 무지개 아치를 수놓아
눈부신 햇살 부러진 아픔을
더 하여 언제 그랬냐는 듯
여름날 숨 막혀오고

삼복더위 황톳 빛 강물만 불어나
유유히 흘러간 세월아
사시사철 끝없이 흘러
하늘가엔 나는 보리 잠자리

햇살에 붉게 익어
고추잠자리 되었구나!

초가지붕 위 조롱박
어느새 누런 쟁반만 해지고
풍성한 오곡은
알알히 익어가는 가을을 기다리네

소금 연무 궁합

붓끝으로 둥하니 휘들러
은은히 번저나는 먹과 종이의
배합은 예술 향연이어라!
엷은 연무 살며시 강물 머금어
바람타고 피어오르는 물안개…
“너희는 한줌 소금이 되라!”
맛을 내는데 없어서 안될
귀중한 보물인 것을… 김치 스며
들면 김치맛! 참조기 짙게 배여
참맛! 황새기 새우젓갈엔 짠맛!
된장 간장마저 소금없이 되랴?
어떤 음식이던 제대로 맛을
있으련?
제 아무리 야무진 소금일지라도
어울려 녹아 내리지 않으면
쓸모가 없어라!? 물안개 녹여
가지마다 상고대 피웠구나!
아침햇살 번지기전 피어나는

연무에 녹아들어 화선지 먹물
인양 간장항아리 진한 소금물
처럼 움켜쥐려 달아나는 걸
시 한 편 읊조리나니…

세월의 강

이 순간 미동처럼
숨 고르며 잠든다

해는 나의 내 뱉는 숨소리
방금전의 것이 아니었구나

흐르는 강물처럼
되돌아오지 않으려는
세월의 강

눈 깜빡이는
그 찰나에도
쉬임없이 스쳐가는
현재 속의 과거

먼 미래는 다가와
시계 추처럼 지나가는
나는 잠시 이생에
머물다 가는 나그네

박경애

- 내 마음이 네 마음
- 누룽지
- 사랑 하나 하나
- 배려
- 5월의 비 - 향기

약력

· 1959년 서울 출생
· 명지대학교, 서울시립대학교 도시과학대학원 졸업
· 서울글사랑 동인

내 마음이 네 마음

사는 일 그까이 꺼
일렬종대로 세워본 들
벗어나면 거기서 거기지

이제는 친구로 오시게
오직 바람소리와 물소리
그리고 새 소리 뿐이지만

삼십해 오염된 마음 씻어주고
매 마른 가슴 적셔 줄
온기가 충분히 넘치는 미산으로…

누룽지

아침 첫 술 위하여
밥알을 돌솥에 눌리기를 몇 번을
바삭바삭 마치 봄꽃처럼
노랗게 피어오를 때 둘러주다가
찐빵처럼 부풀어 오르면 불 딱

그동안의 수고도 없이
물을 철퍽 기절시켜
다시 적당한 불에 그리고
더 눌지 않도록 여러번 휘익휘익

이런 정성이 어우러져
누룽지는 태어난다.
이토록 무심한 비법과 노력이 있다.

사랑 하나 하나

젊은 시절 많은 산과 들을 찾았고
자연과 사랑에 빠지기도 했었습니다.
또 그 속에서 많은 사람들을 만나면서
사랑도, 그리움도 있었습니다.

새싹이 파릇파릇 올라오는 나뭇가지 속에서
따사로운 햇볕을 찾아보기도하고
말가니 흐르는 시냇가에 발벗고 앉아
시원한 바람에 감사하기도하고

지나간 시간의 뒤안길에서 만나는 사람들
제 기억의 서랍 속에 소중히 담아
그때마다 빙그레 다가갈 수 있는 것은
그들이 사랑하는 사람들이기 때문입니다.

결코 두 번 다시 오지 않을 소중 한 순간들 속에서
도움이 되어주고 즐거움이 되어준 사랑 하나 하나
참 많은 사람들이 고맙고 그리운 걸 보니
어쩌나……
나도 이제 나이를 먹긴 먹었나 보다

배려

휴일에는 혼자 잘 지내보겠다는 생각을 해본 적이 없었다.
주중은 언제나 주말 스케쥴 챙기느라 마음 바쁘고
이것도 저것도 스케쥴이 엉클어지면…
TV, 휴대폰, 컴퓨터 켜기 시작한다.
조용히 혼자 나를 쉬게 한 적이 없고

늘 무리의 일부가 되려고 했으며,
무리 속에서는 행여 무리로부터 소외될까봐
남들 눈치를 알아서 살폈다.
내 삶의 중심에 내가 없었기에.
남의 기대에 맞춰 나를 배려하지 않았지.

나이 지천명(知天命)을 훌쩍 넘어서
스스로에게 미안하다는 생각이 처음으로 들었다.
정작 자기를 위한 시간은 남겨놓지 않은 채
스스로를 힘들게 해놓고 있었던 것이다.
이젠 사람들 속에서도
언제 어디서나 나를 데리고 가야지…

5월의 비 - 향기

5월에 비가 오면
산은 한폭의 수묵화
구름은 무거워 산까지 오르지 못하고
중턱 소나무에 걸려 송화가루 향기를 스치고
비와 안개가 만나 보리밭에 누우면
들판의 들꽃들이 샤워를 한다.
그물이 논두렁을 적시면 흙 향기를 스친다.
하늘과 땅이
언제나 왜 늘 다르다고 생각 했지
5월의 비가 하늘과 땅의 손을 잡아 주니
이 세상의 가장 아름다운 향기를 피우나 보다

박문희

- 학교 가는 길
- 팽이
- 미운 다섯 살
- 떡볶이
- 새해

약력

· KB창작동화제 입선
· 공무원문예대전 동시 입상
· 어린이책 작가교실 회원
· 서울글사랑 동호회 회원

학교 가는 길

학교 가는데
매일같이 똑같은 골목
매일같이 똑같은 건널목
따분해서
하품이 다 나와, 아휴

스프링이 달린
신발을 신으면
재미있을 텐데

피융피융 소리내며 튀어가면
사람들이 모두
쳐다볼 텐데

그러면
무릎에 힘을 잔뜩 주고 스프링을 튀겨서
골목도 건널목도
한번에 피이융 뛰어넘을 텐데

따분하지도 않고
선생님한테 일찍 왔다고 칭찬도 들을 텐데. 히히

팽이

학교 끝나고
영어, 수학, 피아노, 미술, 글짓기, 태권도
시간표가 꽉 차 있어요

너무 바빠 눈이 팽팽 돌아요
밥 먹을 시간도 쉴 시간도 없어요
친구들과
말할 시간도 놀 시간도 없어요

우리들은 모두 돌아갑니다
학교에서 학원에서 길거리에서
뾰족한 다리로 중심을 잡고
쓰러지면 지는 팽이처럼
아침부터 저녁까지 돌아갑니다

미운 다섯살

난 진우가 싫어
매일같이 더러운 똥만 싸는데도
사람들은 귀여운 아기래
예쁜 아기래

엄마가
-진아야 유치원 잘 갔다 왔어?
말만 해도
엥하고 소방차 불 끄러 가는 소리 내고

엄마 잃은 아이 되어
벽에 걸린 엄마 사진 보며
손가락을 빨다 잠이 드는데

사람들은
나를 보고
미운 디섯 살이래
고집불통 말썽쟁이 다섯 살이래

떡볶이

학교에서는
공부도 재미없고
친구들도 시시해서
말도 안하지만

떡볶이는
화끈한 게 좋아

고춧가루 폭탄에
눈물콧물 흐르고
혓바닥이 브레이크 댄스 추는
화끈한 게 좋아

새해

새해가 되니까
일 년 365일 쓴 헌 해는 버리고
새 해를 받아야지

나는 부지런히 서해로 달려가서
미지근하게 식은 헌 해를
바다 속에 집어넣었다

그리고 부지런히 동해로 달려가서
부글부글 끓는 새 해를
바다 속에서 건져 올렸다

새 해가
두둥실 하늘로 올라가는 걸 보니
드디어
새해가 밝았다!

손옥경

- 꽃비(花雨)
- 눈물주
- 봄바람
- 어머니
- 차 한잔의 세월을 녹이며

약력

1956년 전북 진안 출생 · 서울시립대학교 도시과학대학원 방재공학과 졸업(공학석사)
· 현)서울 관악소방서 관악119안전센터장
· 1997년 3월 문학공간 시 신인상 · 2008년 7월 한국자유문예 시 문학상
· 현) 한국 문인 협회 회원 · 현) 국제 펜클럽 한국본부 회원
· 현) 서울글사랑 동호회 회원 · 현) 동작 문인 협회 회원
· 현)한국자유문예 협회 회원
· 시집 : 『내가 그곳에 있음을』 현대시단사, 『삶의 향기를 건져 올린 그대』 청어람출판사

꽃비(花雨)

서울 중심 여의도
윤중로는
왕 벚꽃 일천육백여 그루
꽃망울 터트려
꽃잎들의 환한 미소잔치
봄바람이 간질이면
꽃 입술 머금은 그녀
화답을 한다.

온몸으로 훨훨 날아
대지 위로 꽃비(花雨)되어
하강하는 선녀
그리움을 기약하듯이
내려와 그대 품에 안긴다

그 누가
혼례길이라 했던가.
수만의 상춘객들 환호성

재잘되는 그녀들의 고운 음성소리
듣고 싶어
하이얀 꽃잎들 휘앙새 되어
가녀린 어깨 위에
찰랑이는 머리칼 위에
살포시 뽀뽀를 한다.

짜릿한 전율의 꽃대궐
영혼의 혼백으로 화한 꽃비(花雨)
꽃과 자연과 그녀가 하나가 되는 순간

눈물주

참치눈알 데굴데굴
오대양을 누볐을 그
식탁 위에선 얌전을 떤 새색시
어찌하랴
둥근 지구 은은한 은회색
눈꽃송이
잘게 썰어 미세분말
무색의 알코올에 잠수 타면
눈물주 되어 목울대 간질이면
온종일 피곤함도 녹여버린
독도참치회집
여담 속에
매취순술
안동소주술
그리고 바다 건너온
베트남, 남부 나트랑 랩모이 소주 39도
작은 실내는 열꽃이 가득
얼굴 위에 피어온

그립다 그 사랑
우정도 그리움도
봄향기
한 잔 술에
우리네 생은 달빛 되어
끈끈한 인연으로
흐르고 있구나.

봄바람

산들바람의 미소
귀 기울여 들려오는 음성
생명이 움터오는 소리
살며시 비집고서
대지 위로 얼굴을 내미는 연녹색
두근대는 심장 소리
맑고 청아한
새들의 합창소리
바람의 파도 따라
들려온다.
둘레길가
앙상한 나뭇가지 위에
촉수 열어 봄맞이
촉촉하게 물들이는
봄비가 간질이면
봄의 여인 가슴을 열고
향기 가득 꽃 봉우리
이땅에 머무는 그 시간

삶의 여정이 한정적이기에
사계절 열정으로
꽃샘추위도 이겨내어
마음의 밭을 날마다 가꾸어낸 그대
그대 때문에 행복했었네
찬란한 봄내음
소곤소곤 아지랑이 그리움
내 안 가득 살아 숨쉬는
그녀의 향기 가득한
고향 언덕이 다가오고 있고

어머니

그립다 그 시절
기억조차 흐릿한
그 어렸을 때
유복자 그 시대
산천은 그대로
시공을 뛰어넘어 서울 도심 한 켠
도드라운 술잔속에
먹고픈 추억 속의 동동주
먹고픈 갱이 엿
호랑이 백부 백모
살아있을 적
엿 사려고 호랑이의 골동품
맞바꿔 먹은 그때였지
하늘빛 보름달
가득 떠 있어 주름살
돌이켜보니 나이테 환갑
미소처럼 들려오는
환청의

보이지 않는 어머니
그 어머니가 새삼 그리움으로
목젖으로 타고 흐른
동동주 한 사발
그 음성이 어느새
중년의 눈가에는
이슬이 맺혀오고 있고

차 한잔의 세월을 녹이며

창밖은 모진 한파가
회오리바람이 연이어 넘칠 듯
두드린다
사무실 안 아침출근
따스한 정이 스민
홍차 한잔이
모락 모락 김을 내며
날 기다린다
정갈하게 앙증스런
티 스푼
휘이 젓어 내는 고운 손길
그 향기 순간의 세월을 녹여낸다
그리워라 그녀
고향언덕 첫눈 내리는 날
함박눈이 소리 없이 찾아오는 그날
두 손 가득히
찻잔을 들고서
그 향기를 마신다.

마음을 마신다
온몸이 나른하여 온다
뭉클 마음이 열린다
차 한잔에 세월을 녹이면서

신현봉

- 너는 나이기에
- 세상의 아침
- 티베트의 기도
- 인도의 손
- 오체투지 하는 사람들

약력

· 1952년 충북제천 출생 · 한양교육대학원졸업 · 1987년 〈현대시학〉 전봉건 선생 천료 데뷔
· 시집 : 『초록의 길』(1990), 『짝사랑세계』(1993), 『난지도』(1994), 『바람과 벽』(1997)
『그대와 함께 가는 길』(2000), 『히말라야 가는 길에』(2004)
『작은 것 속에 숨어있는 행복』(2007)
· 한국문인협회 회원, 국제팬클럽본부 회원 · 한국현대시인협회 이사
· 제34회 현대시인상 수상(2011)

너는 나이기에

너를 통하여 나를 본다
나를 비추어 주고
나를 알게하는 너는
나의 거울
나의 스승
나를 만드는 것은 나이지만
모든 너는 나이기에
욕할 일이 없고
탓할 일이 없다

세상의 아침

해가 뜨는
지구촌의 모든 아침은 같다
시간의 날개는
여명의 빛에 반짝이고
날마다 날마다
아침은 세상의 첫날처럼
성스럽고 신선하다
그 아침을 어느 곳에서든
가슴 설레며 맞을 수 있다면
삶은 온전히 기쁨이고
희망이다

티베트의 기도

티베트의 하늘에는
오늘도 흰구름 떠 있다
그 위에 걸터앉아
밀라래빠는 무슨 노래를
부르고 있나
행복한 빈자(貧者)의
시절은 가고
라싸의 영혼은
황금의 물결에

질식하며 침몰하고 있다
남의 땅이 되어버린 내 땅에
기도와 함께 남아 있는 희망
한조각은
신선하고 신성한
고원의 아침

인도의 손

주인 없는 소
어디에나 있다
화장터 곁에도 있고
쓰레기장에도 있다
골목길에도 있고
기착역도 있고
고속도로 한가운데도 있다

경적을 울려도 꿈쩍하지 않는 소
먹을 것을 찾아 기웃거리는 소
집안에 경사스러운 일이 있으면
주인이 있는 소를 사서
방생을 하기도 한다다

어디에나 있는 소가 죽으면
개들이 잔치를 한다는 데
돌로 빚어진 소는
힌두교 사원 안에 있다

오체투지 하는 사람들

오체투지하며
이 생(生)을
건너가는 사람들이 있습니다

나보다는
다른 이의 평화와 행복을
기도하는 사람들이 있습니다

낮은 곳에서
더 낮은 곳을 향해
길을 가는 사람들이 있습니다

하늘같고
땅 같은
믿음을 가진 사람들이 있습니다

얼굴은 햇볕에 타고

옷은 남루하지만
웃음이 꽃보다 환한 사람들이 있습니다

안준희

- 구두를 벗으며
- 소통
- 봄비

약력

· 전)서울시의회 부의장 비서관
· 한민족통일여성중앙협의회 부설 통일여성교육원장
· 대한정구협회 홍보이사 · 서울시사회복지공동모금회 홍보위원
· 서울글사랑 동호회 회장(현)
· 서울시의회 공보실 근무(현)
· 공저 : 시집 『태평로에 은행잎 날릴 때』 외 다수

구두를 벗으며

멋지고 예쁜 것만 보고
뾰족한 부리에 미끈한 굽만 보고
구두를 샀다

발이 불편하지만
우겨 신었다

하루, 이틀, 사흘
또 하루 이틀 사흘

비좁은 부리 속에 갇힌
발가락들이 아프다
벗겨진 뒤꿈치가 쓰리고
티눈이 똬리를 튼다

절룩거리는 걸음걸음

겉치레에
발이 망가진 후에야
구두에게 졌다는 것을 알았다

이렇듯 우린
무모한 것들에 지며 살아간다

발에 맞지 않는 구두를
벗어야겠다

소통

피기 전에는
그 꽃잎 속에 간직한
향기가 어떠한지를
알 수 없다

열지 않으면
그 마음이
얼마나 아름답고 따뜻한지를
느낄 수 없다

꽃은
피어야 아름답고
향기를 느낄 수 있다

사람도
느끼고 헤아릴 수 있도록
마음을 열어야

꽃보다 더 고운사랑 가꾸고
또 완성시킬 수 있다

봄비

선잠에 취해
뭉그적 뒤척이는
새싹들의 어깨를
토닥토닥 봄비가 깨우고 있다

어둠을 가르며
창틀을 비집고 들어와
어서 일어나라고
작고 어린 물방울들을
또르르 던진다

기지개 켜고 웃는 내게
초록햇살에게도 입맞춤 하라고
새벽 내내 분주하다

양 순 복

- 내 마음의 무늬
- 아파트와 달
- 꽃밭의 오후

약력

· 서울시시우회 시문학 사무차장
· 강동문인회 시분과위원장
· 노천명 문학상 수상(2010)
· 허난설헌 문학상 수상(2012)
· 개인시화전(2012)
· 시집 : 『움집 위에 핀 이슬꽃』

내 마음의 무늬

그대를 그리워함은
나의 희망이라지만
까치놀 위를 나는 갈매기는
나의 풍경이 아니다

가끔은
나를 바라보고 있는
낯선 눈빛들을 마주할 때
섬들이 더 가까이 다가오고
섬 등어리에 업힌 꽃구름이
나의 우담바라

섬은 바다의 혹이 아닌
태산의 뿌리이듯
그대는 나의 꽃이 아닌
만인의 망막에 아름다운 삶의 무늬를 보여주는
희망의 태양이다

어둠속에 빛나는 별이 뜨면
그대에게로 향하는 나의 길은
더 멀기만 하지만
눈동자를 맴도는 그리움은
차가운 눈물이 아닌 투명보석이 된다

내 눈물은 백년보석이지만
그대 삶의 무늬는 천년보석
오늘도 그대의 별이
내 가슴에 뜬 이유를 알겠다

아파트와 달

흑백사진으로 한 뼘쯤
살며시 고개 내밀고
비추는 달은

오고 가는 구름 사이
창으로 가만히 걸리어
그 안으로
눈 먼 사람 침묵으로 서 있는데

들리는 듯 마는 듯 한 숨소리
그림자로 흐느적거리며
辛苦의 세상에
微動 없이 눌러 앉아

고독 속의 황량한
붉은 사랑은
흔적도 없이 사라지고

쏟아지는 달빛
따뜻한 차 한 잔의 향기는
나를 감싸 안는다.

꽃밭의 오후

뜨거움이 삼켜버린 하얀 가슴
금색 물비늘이
반짝반짝 하늘 향해 꽃눈 뜨고 있다
침묵으로 견딜 수 없는 오후
꽃들은 말하고 싶어
햇빛의 등을 통통 튕겨내며
꽃길을 따라 꽃들의 잔치를 열고 있다
잔치가 벗어놓은 소리의 허물들이
붉은 꽃잎으로 길 위에 떨어지고 나면
또 하나의
입을 여는
사랑의
꽃들이 벙글벙글 웃는다

양형남

- 개심사
- 오월 중순
- 너는 어디에 있니
- 곡성역

약력

· 공무원문예대전 등단(소설)
· 내일의시문학 동인
· 서울글사랑 동인
· 현)서울시 동대문구청 근무

개심사

청벚꽃을 보러
새벽빛을 받으며 찾아간 개심사

너도나도 찾아와
시장통이 되었네.

해우소 앞도
헛간 앞도
북적되는 사람들

꽃은 담지 못하고
텃밭을 일구고 있는
노스님만 담고 왔네.

오월 중순

때늦은 냉이꽃이
오종종히 피어있는
바람맞이 서해바다 비탈밭

남녘에선 한 달 전에 피어버린
싸리꽃이 이제야 촉을 내밀고
뽕나무, 감나무는 눈도 뜨지 않았는데

제주바다가 그리운 장다리꽃
긴 목을 빼고
먼 바다로 그리움을 보낸다.

너는 어디에 있니

정의로움에 불타던
그 맑고 순수한 눈빛
너는 어디에 있니

하찮은 생명체에도 애정을 갖고
인간의 잔인함에 분노하던 너

밤이 깊을수록
투명해진 밤공기
별들은 더욱 빛을 발하고

새벽이 올 때까지 강가에서 나누던
그 많은 이야기
영혼을 흔들던 너의 목소리는
다 어디로 갔니

사랑이 아니라
정이라고 애써 강조하던
떨리는 너의 목소리

풋풋한 보리이삭 내음이 싱그럽던
희뿌연 새벽길을 다시 걷고 싶다

오월이 왔는데
그 때의 너는 지금
어디에 있니

곡성역

곡성역을 생각하면
가슴이 아프다.

빛바랜 흑백사진 같은
곡성역 옛 청사에는
어머니의 체취가 배어있다.

곡성역에 가면
낡은 나무의자에 기대앉아
용산행 비둘기호 열차를 하염없이 기다리는
어머니의 모습이 보인다.

세트장으로 변한
곡성역을 바라보면
눈물이 난다.

위 재 량

- 도살풀이
- 누가 저, 비둘기들에게
  죄를 물을 수 있겠는가
- 흔들리는 사월

약력

· 동국대학교 문화예술대학원 문창과
· 한국문인협회 회원 · 대한민국공무원문인협회 회원
· 서울글사랑 동호회 회원
· 한국시인정신상, 양천문학상 · 전국통일글쓰기대회 입상
· 전국편지쓰기대회 동상 2회 · 서울시공무원 저술상 등 수상
· 저서 : 1집 『가슴으로 우는 새』, 2집 『누군가를 사랑한다는 것은』
기타 동인지 다수

도살풀이

세사에 올올이 얽힌 인연 양손으로 휘감아 엎었다
한 손으로 살포시 풀어 제쳐, 차디찬 허공중에 풀씨처럼 흩뿌리고
으쓱으쓱 너울대는 춤사위, 원도 한도 사르륵사르륵 다 녹여 달라
천길 폭포 한 자락 싹둑 잘라내어 공양인양 양손으로 받쳐 들고
가슴 깊이 실타래처럼 뿌리내린 앙금이야 훌훌 떨쳐내어
두 눈 살포시 감은 채 휘돌아서는 쪽머리 옥비녀 달빛 시려오는 밤
바람인 듯 구름인 듯

우련 피었다 지는 백목련 송이송이, 아사녀의 혼 넋이 저보다 고왔을까?

발가락 마디마디 뭉그러져 다 끊어질지언정
가난한 내 늑골 사이사이 타다 남은 푸른 피를 방울방울 태우고 태워
하늘 길 창창하게 걸어 걸어서 가릉빈가 어깨춤 절로 추는 서방정토 설산
옥구슬 시냇물소리 벗 삼아
지느러미 물비늘 튀는 물고기처럼 살아가려하였건만,
잔잔한 내 마음의 뜨락

한 점 흠도 티도 없이 피어있는 백목련 꽃가지를
한참도 섰지 않고 흔들어대는 비바람 폭풍우를 내 어이하랴!

밤 이슥하도록 홀로 울어대는 새야, 꽃 진다 우지마라
때로는 아롱아롱 눈물진 삶 보석처럼 쓸어안고 꽃비내리는 봄 언덕
저정거리며 넘어가는 날도 있으리라!

부질없는 증오는 꺼져가는 사랑의 불꽃을 결코 되살리지 못 하고
희로애락, 오욕칠정도 한 세월 지나고 나면 모두 헛된 망상일 뿐이거늘,
이제 와 쓸데없는 원죄의 쳇바퀴는 또 돌려서 무엇 하랴!

너나없이 한 생의 뒤안길을 뒤돌아보노라면
눈물 없이 살아온 삶이 어디에 있고
상처 없이 살아온 삶이 또 어디에 있다고
산새마저 깃을 치는 복사꽃 지는 봄날
진다홍 치마폭을 그리 붉게 적시며 홀로 저문 산을 넘는 북새야,
악연도 차마 다 버릴 수 없는 이승의 인연인 것을 내 어이하리?

뼈 없이 태어난 것도 죄가 되어
습습한 어둠속 땅바닥을 기며 살아가야하는 무지렁이나
심심산천 저 홀로 피고 지는 이름 없는 들꽃들도
남모르는 아픔 한 두 개쯤 가슴속에 곰삭혀 간직하고 살아가는 것을,
제 살을 녹여
붉은 독자갈 알알이 씻어가며 들판 길 곱돌아 흐르는 강물처럼
가슴 속 맑은 샘물 줄기줄기 뿜어 올려
거친 모래알 쑥대머리 가만가만 쓰다듬으며 먼 바다로 흘러가야
하리!
무한한 우주 속 이름 없는 풀 한포기, 돌멩이 하나인들
만나고 헤어짐이 어찌 인간의 뜻만으로 이루어졌던가?
비록 콧물 눈물 젖은 숟가락으로 한 끼 밥을 때우며 사는 생일지라도
타고난 팔자소관 뉘를 탓하고 뉘를 원하랴!
오늘 또 하루 잠에서 깨어 작은 창틈으로 스미는 햇살 한 줌과
해와 달과 별을 바라볼 수 있는 것만으로도 족한 행복이거늘
무엇을 더 바란단 말인가?

단 한 번뿐인 삶,

세상사 뭐 그리 대단한 것이라고 남의 가슴에 피멍으로 얼룩진 대못질까지 해가며 모질게 살아서야 어디 쓰겠는가?

골골이 굽이쳐 흐르는 시냇물처럼, 마른 벌판을 홍건이 적시며 흐르는 티 없는 강물처럼 우리도 함께 더불어 살아가야 하리, 용서하고 또 용서하며 살아가야 하리,

산산이 첩첩

푸르디푸른 청산이 산짐승들을 불러 모아 제 품안에 보듬어 키우듯 그리 살아갈 일이다.

누가 저, 비둘기들에게 죄를 물을 수 있겠는가

적막에 잠긴 아프리카 밀림지대 작열하는 태양 아래 늙은 사자 한 마리 하품을 하다 말고 갈기를 세운 젊은 수사자와 맞서고 있다 어디선가 보았던 아니 같은 피 냄새를 지닌 젊은 수컷과 목숨을 건 사투 끝에 피투성이가 된 늙은 수사자가 꼬리를 축 내리고 비틀거리며 밀림 숲속으로 사라 진 뒤 승리에 도취한 젊은 수사자가 어린 사자 새끼들을 쫓는다 암사자의 처절한 보호에도 불구하고 어린 새끼사자 한 마리 목 줄기를 물어뜯긴 채 축 쳐진다 두 눈에 눈물을 글썽이던 어미의 긴 울음이 산등성이를 넘어가던 상여소리처럼 밀림을 헤집고 멀어져간다 아직 살아남은 새끼들이 허둥대며 숲속으로 도망치고 젊은 수사자가 그 뒤를 악귀처럼 쫓고 있다 문득 밀림 숲속에 졸고 있던 비둘기 떼들이 놀라 하늘로 날아오르며 젊은 수사자의 머리 위에서 똥비를 갈겨댄다 비둘기들의 똥비가 고귀한 수사자의 갈기를 지나 두 눈에 화살처럼 떨어지고 발톱을 세운 수사자의 사나운 걸음이 흙먼지 속에 뚝 멈춰졌다 온 몸에 똥비를 맞은 수사자가 피 묻은 이빨과 아가리를 쳐들고 비둘기 떼를 향해 포효한다 머지않은 날 저 또한 피 흘리며 사라져간 수사자의 길을 가야한다는 것을 알지 못한 채 암사자들과 새 살림을 차리기에 바쁘다 공중을 한 바퀴 선회 한

뒤 짙푸른 밀림 숲속으로 점점이 사라져가는 비둘기 떼 어디선가 불어온 비릿한 바람이 한 낮의 오수를 즐기던 나뭇가지들을 흔들어 깨우고 한바탕 소란스럽던 밀림은 언제 그랬냐는 듯 다시 태초의 원시림으로 되돌아갔다.

흔들리는 사월

난지미술창작스튜디오 야외조각공원 뜨락
잔디밭엔 벌써 민들레와 제비꽃이 한창이다
봄 햇살 아래 고개를 끄덕이며 졸고 있던
개나리 목련들이 이따금 불어오는 봄바람에
겨우내 걸치고 있던 외투를 벗고
이내 노랗고 하얀 속옷고름까지 풀고 있다
문득,
풀려있던 눈꺼풀이 가늘게 떨려온다
시베리아 툰드라의 언덕 어디쯤에서 불어온
잔인한 사월의 바람 탓만은 아닐 게다
필시,
내 서 있는 지구의 반대쪽 중심 어디쯤에선
또 누구인가 우련 흔들리고 있을 게다
언뜻언뜻 들려오는 바람소리 새소리마저 들떠
한사코 꽃가지를 흔들어 깨우는 사월
이 아름답고 아픈 상처들을 뉘 탓할 수 있으랴!
그저,
내 안의 또 다른 내가 혼돈 속의 나를 마구 흔들어대는
사월의 화려한 반란쯤으로 명명해 두기로 한다.

유시희

- 남산길
- 절대자
- 인사동
- 연가
- 자유

약력

· 전) 서울시 보건환경연구원 근무
· 서울글사랑 동호회 회원
· 공저 : 『맑고 푸른 세상 안고』, 『하얀 아침의 명상』, 『태평로에 은행잎 날릴 때』,
『그대를 위한 한편의 시』, 『숲으로 난 창문』 외 다수

남산길

강산이 몇 번 바뀐 시간 되돌려
남산 길을 오른다
청초한 새싹 같던 지난날들의 영상이
석류처럼 하얀 이를 드러내며 웃는다

너무 낡아 희미한 실루엣으로
가물거리는 남산 길
먼 기억의 흔적들은 흩어져
수증기 되어 아른거린다

늘 목말랐던 내영혼의 젊은 날
기억의 조각들이
알알이 모자이크 되어
수채화 한 폭이 된다

내 머리 어느덧, 백발되어
벚꽃 잎이 안개비처럼 흩날리는 남산 길

발자국마다 추억을 회상하며
다시금 걸어본다

절대자

어둔 세상 나홀로 방황할 때
내손 잡아 주시는 분
두려움과 외로움에 지쳐있을 때

미소로 안아 주시는 분
때로는 불가사의한 상황으로
나를 전율하게 하시는 분

그분이 보고, 듣고 계심에
늘 긴장하게 하시는 분
내 삶이 다하여 그분 앞에 셈하는 날

그날이 있어 게으르지 않게 하시는 분
늘 신묘막측한 은혜로
내 가슴 뛰게 하시는 분

아! 놀라운 은혜
놀라운 사랑
당신은 내가 사는 이유입니다

인사동

인사동은 꿈동네
알록, 달록 희망동네
꿈을 사러 희망을 사러

마음 한가득 설레임을 담아
인사동엘 간다
낡은 고가구, 고서들이

졸고있는 거리에
여인들의 웃음
하늘 높이 연이 되어 날린다

연가

늘 애끓는 그리움으로
불러 보아도
대답없는 메아리
모든 촉각을 곤두세우고
귀 기울여도 들리지 않는 메아리
뒷 모습이라도 보고파
달려 나가면
흔적 없이 사라지는 너
평생을 두고 혼자만의 안타까움으로
남아도 아직도 채우지 못한 그리움
이 어미 생을 다하고 이생에 없을 때
그제야 슬픈 눈물 흘리며
후회할 아픔에 가슴 저미는 사랑
평생을 불러도 다 부르지 못할
가슴 절절한 너를 향한 연가

(아들을 향한 마음을 표현한 시)

자유

20여년 갇혀있던 울타리를 걷었다.
버거운 듯, 아쉬운 듯
나는 나 인체, 여기에 있고

모든 것은 예전처럼
평온하게 거기에 있다
나는 나 인체 더 크고, 더 멋진
세상으로 자유롭게 훨훨 하늘을 난다

애환과, 즐거웠던 기억들
헤집어 펼쳤다, 접었다.

울타리를 벗어나던 날
남은 건 내 마음속
작은 보물창고 하나

이 동문

- 너와 나
- '화' 를 바라볼 수만 있다면
- 부부의 날

약력

· 아리수문학 운영위원
· 서울글사랑동호회 회원
· (현)서울시청 경제진흥실 근무

너와 나

너는
안 보이나
나는 보인다.

나는
안 보이나
너는 보일 것이다.

조금
숨만 고르면 알 터인데
자기 생각만이 옳다고 한다.

그래 그렇다면
당신 생각이 맞을 터, 넘어가자
시간이 흐르면 이 또한 부질없을 것이니.

연잎에 맺힌 이슬은
그 영롱함에 만족 못하고 더 많은 걸 탐닉하려
제 몸 흔들어 대다 연못으로 형체도 없이 사라져 버린다.

'화' 를 바라볼 수만 있다면

내 것도
아닌 것이
내게로 들어와 속을 확 휘젓는다.

내 것도
아닌 것을
내 맘대로 하지 못해 안달을 한다.

내 것이
아니라는 것을 잊지 말고
내게로 들어오면 피해버리자.

내 것도
아닌 불청객이니
가만히 멀리서 바라만 보자.

독버섯처럼
피어오른 '화' 는 어항 속 진흙 가라앉듯
제풀에 꺾어 슬그머니 꼬리를 감춘다.

부부의 날

달이가
해를 품어주니
마침내 둘이 하나 된다.

등 돌린
잠자리가 편타 하여도
마주보고 누워야 마눌님 아니던가.

부대끼며
엮어온 틈새로
미운 정, 고운 정 녹아들어 가시버시 된다.

이병석

- 민방위 훈련을 마치며
- 공부
- 결혼기념일
- 화수분
- 허수아비

약력

· 천안 출생
· 서울글사랑 동호회 회원
· 예터상송회 회원
· 한국미소문학 작가회 회원
· 한강관리사업본부 근무

민방위 훈련을 마치며

‘93년 8월 논산 훈련소 입소대 앞
아버지께서 고급으로 생각하시는
중국집 잡탕밥으로 그날의 배를 채우고
대열 속에 묻힌 대한민국 신검 2등급.

백제의 옛 터전에 계백에 정기 맑고 ~
아버지께서 부르시던 노래는
훈련소 군가였구나.

밥 먹는 손으로 던진 수류탄 물줄기가
교관의 육두문자와 하늘에 뿌려지면
지붕 없는 화장실에서 더위를 식히는
훈련병의 가슴은 마구 뛰어 아름다웠소!

누워서 다리 흔드는 P.T체조
곁눈질로 바라본 가을 하늘
고추잠자리 떼와 눈 맞추었다.

마지막 민방위 훈련 아침
김밥 속 당근을 보니
20년 전 논산 하늘 잠자리와
아버지가 보고 싶구나

공부

술 먹고 귀가하니
아내가 딸의 공부를 봐주고 있다.
안방에 들어가 잠을 자러 누웠는데
딸의 흐느끼는 소리가 들려 문을 열어보니

작은 어깨를 들썩이는 딸아!

자장면 먹을 때 그 용감한 모습은 어디로 갔니?
자장면 먹기는 쉬워도 만들기는 힘들단다.
너의 행복을 스스로 만들 수 있을 때까지
힘들어도 공부는 해야 한다.

그러면 아빠는 편히 잠들 수 있으리라

결혼기념일

옛날부터 남이 하니까, 나도 해야지
빗물도 강 따라 바다로 가잖아
사춘기 남자 되는 과정보다
자기와 만난 시간이 많아지면서

우리를 닮은 아기 둘의 아빠가 되어
뽀얗게 돋아나던 발가락과
삼지창처럼 나오는 아랫니에서
내 마음도 따라 아이들처럼 커져 가는 걸

마흔은 사물의 이치를 아는 불혹이라던데
부부의 인연은 사랑의 이치를 알려주는
이 세상의 덤인가 보다.

우리 부부 푸른 바다처럼 변치 말고 사랑하자

화수분

탁탁탁 자판소리 언제나 미간에 힘을 주어
나의 성공은 기안하여 남에게 전자 발송하고
잘못들은 죽 죽 찢어 책상 아래
휴지통에 버린다.

오타, 낙서, 나의 쓰레기 국물들…
버리고 버려도 넘치지 않는 휴지통은 나의 화수분
청소 아줌마는 나의 우렁각시
내 마음을 휴지통에 넣어 우렁각시에게 보낸다.

허수아비

모두가 바라보는
황금 들녘 허수아비
아카시아 나무로 추켜세운 몸 위에
검불로 채운 머리를 얹고
도지 받은 논두렁에 꼽혀 있다가

모두가 달려들어
나락을 걷어가고
덩그러니 혼자만 남겨지면
어깨에 앉은 참새에게서 온기를 느끼며
슬픔을 함께 나누고

모두가 바라보는
밤하늘 은하수
별들로 채운 몸 위에
구름으로 채운 머리를 얹고
아무도 걷어갈 수 없는
밤하늘 별 곁에 언제나 꼽혀 있으리

이 용 주

- 정년
- 아내 곁에
- 백령도 그리고 해병
- 강
- 기후에 짐자다

약력

· 충남 부여 출생
· 2011년 월간조선문학으로 등단
· 조선시문학회 사무국장
· 한국문인협회회원
· 서울글사랑동호회 회원
· 계간 시와세계 시학회 회원

정년

열만 내는
여름강이라 해야 되나요

다가 올 정년을
맞이해야겠지요

아침 저녁 운동으로
흐르는 땀을 적셔야 되겠지요

아내 곁에

병실 문 밖으로 나오는 아내의 얼굴이
울먹임을 반복했다
추한 모습을 내보이가 부담되는 모습이었을까?
혼자만의 느끼는 정적으로 파문이 일고 있었다

내 앞에 펼쳐지는 프리즘과 힘든 순간은
골목으로 맴돌고 맴돈다

살얼음을 걷는 것보다 내가 알몸뚱이로 가면을 벗어
아내곁에 불변의 밤이 되고 싶다

목젖에 갑상선이 자리 잡은 씨앗
여름이 지나 호수 수혈로 잠시 별들에게 잠을 청한다

백령도 그리고 해병

욕심은 동료를 모르고 질투는 해무를 모릅니다
그러기에 백령도는 내일의 북녘를 모릅니다
어제의 나를 모릅니다

천년 모래알로 깔린 사곶해안
검게 드리워진 저녁일 수 없습니다
그들은 날개가 없습니디
주는 대로 그림의 수채화를 그리려고 합니다
모든 것을 소유하고 싶기에
모래알들로 소통일 수 없습니다

그리운 얼굴이 교차를 모르고 생각은 기억을 모릅니다
그렇기 때문에 시간은 해병의 길을 기다려 주지 않습니다

오늘도 반복되어지는 일상
내일이 지난 앨범 앞에서
나를 버리고만 싶습니다

두고 온 백령도 하늘만 생각하렵니다
두고 온 NNL 경계선 해병이만 생각하렵니다

되새기고 싶지 않는 6·25
조국을 위해 몸 바쳐 희생한
호국영령들을 생각하며 나를 버립니다

강

눈부시게 파란 하늘처럼
강물은 기억으로 넘어가고 있었다
기억은 탯줄이다

기억속의 강이 멀어지고 있었다 기억들이 평범을 떠나 소외로 되어
가고 있었다
나중에 떨어진 작은 꽃잎은 얼음으로 강을 숨겨버리고
끝없는 고독과의 전쟁을 이야기하는 구름위에 나를 묻고 있는

지난해 어머니는 홍성시장에 물건을 팔러 날 품팔을 하곤 했었다
다 휘겨진 고무신발 대신 운동화가 얼마나 그리웠는지 잔주름이
다 되어 가신 모습
흐르는 눈물로 온 땅에 강으로만 기억이 되어 진다

어머니의 젖무덤에 숨겨진 훈장으로 걸어오지 않았던가
이 세상 등불로 교향곡을 연주하는 밤

겨울이 시린 날도 보름달 베게삼아 강에 묻고만 싶다

기후에 잠자다

봄이
사라지는 틈새없이
열대성 기후로 바뀐다
형체도 없이 빙하가 녹아진다

너는 가고 나는 가지 못하는 것이
불씨를 남긴 까닭은
영원으로 가는 미생물이다

가는 걸음마다 여름생리라 여긴다

소리없는 그림자
산에서 담아 온 산소로
아침을 준비한다.

서울, 꽃으로 피다

이 춘 원

- 갈대
- 내린천에 흐르는 물
- 석양의 붉은 장미
- 내방리의 가을
- 청년 김유정을 보다

약력

· 한국문인협회
· 한국시인협회원 및 한국기독교문인협회이사
· 예띠시낭송회 회장, 월간 문학바탕 편집위원
· 순수문학상 시부문 본상 수상(2001) · 한국서정문학사 수상(2011)
· 시집 : 『가지에 걸린 하얀 달빛』, 『굴뚝새』, 『그리움자리』, 『푸른 촛대 산길을 밝혀』
『풀꽃시계』, 『해바라기』, 『루체비스타』
· 산문집 : 『바람 속에 우는 하프』

갈대

찬바람이 부는 날
저문 강가에
서걱거리는 소리
살얼음 어는 소리

아, 세월이 너무 추워
호호 입김을 불며
등 굽은 채 돌아서는 발걸음

얼어가는 강물이,
벌거벗은 물고기의 겨우살이가
못내 안쓰러워
떠나지 못하는 그림자
자꾸만 바람에 흔들리고 있다

하얀 솜이불이라도 덮어주려는가
갈대꽃이 하얗게

하얗게
바람에 흩날리고

내린천에 흐르는 물

강원도 인제 땅 내린천에 함성소리 요란하다
산줄기를 적시던 물줄기가 의기투합
큰 내를 이루어 아래로 아래로 내려간다
산천초목을 싱그러운 푸른빛으로 키우고
모난 돌멩이를 깎고 다듬어 조약돌 낳고
가로막는 바위를 휘돌아감에 거침이 없다

내린천* 황톳물은 인간 세상사 오염된 빛깔이다
세월이 흘러가는 동안 세상욕망과 집념,
추한 생각까지도 온전히 갈아엎어 떠내려 보낸다
가슴속 분노와 슬픔도 내려놓고
열목어를 품을 수 있는 일급수 마음선까지

내린천엔 물이 흐르는 것이 아니다
세상사 오욕과 분진을 담고 흐르는
거룩한 희생의 흐름이다

* 내린천(內麟川)은 강원도 인제읍 합강리(合江里) 소양강(昭陽江)으로 합류하는 소양강의 지류.

맑은 빛으로 세상을 살아가는 길로 가는
삶의 철학이 흐르는 것이다

석양의 붉은 장미

키 작은 줄기에서
하늘을 향한 집념으로
타는 가슴을
타는 가슴을

장미꽃이
태양을 삼켰다

뜨겁다 뜨겁다
울컥울컥 토해내는
선혈의 낭자함이
바람에 찢기어
흔들리고 있다

너의 붉은 입술은
무엇을 속삭이는 지
지나가던 바람마저도
붉게 물들었구나

내방리의 가을

내방리[*]의 가을은
황톳빛 길에서 시작된다

울창한 숲의
푸른 숨결들을 다독이고
하늘로만 하늘로만
오르려는 나무들의 조급함을
지그시 숨죽이게 하는

가을바람은
누구의 숨결일까
파란 잎이
붉은 빛으로 숙성돼가는

내방리의 가을은
황토 길에서 끝이 난다

* 내방리는 경기도 남양주시 수동면 축령산 자락

청년 김유정을 보다

강원도 춘천 실레마을에서
김유정을 보다

동백꽃 나무그늘 아래에서
점순이를 만나 허걱대던
소낙비를 흠뻑 맞고 들어서는
색시의 붉은 얼굴을 보고 있는
허탈한 모습의 사내

사랑을 하고 싶어도
사랑을 주고 싶어도
헛짚은 지팡이에 나뒹굴고 있는
말더듬이 멱설이

금병산 기슭 들병이 품에 안겨
외로움을 달래야하는
끝내는, 뜨거운 선혈을
꺼억꺼억 쏟아대어 핏기 하나 없는

이제는 뒤란에
백목련, 창백한 모습으로
우두커니 서 있는
아픈 사랑의 청년

이 흥수

- 눈꽃
- 길
- 꽃 봄
- 왜 죽어
- 푸념

약력

· 서울시립대 과학기술대학원 졸업
· 상수도사업본부 기전설비과 근무
· 서울글사랑 동호회 회원

눈꽃

나무는
밤 새워
하얀 눈 제 몸으로 받아 뜨개질한다.

바람에게
조용하라 타일러 잠재우고
내리는 눈발로 한 땀 한 땀 가지마다에 수를 놓는다.

그런 줄도 모르는
개구쟁이는 멍멍이 불러와
짓궂게 나무 흔들어대며 좋아라한다.

눈발은
서로를 감싸 안으려
자신을 녹이며 눈물을 뚝뚝 흘린다.

바람은

나무를 위로하듯

망가진 눈발 다시금 불러 모은다.

길

물에게도 길이 있다.
그냥 흐르는 물 같아도
때론 세차게 때로는 미동도 없이 흐른다.

바람에게도 길이 있다.
그냥 불어주는 바람 같아도
때론 강하게 때로는 감미롭게 불어온다.

삶에도 길이 있다.
우리 모두 한길을 걷는 것 같으나
가지 말아야 할 길과 가야할 길이 있다.

물은 물길을
바람은 바람 길을,
허투루 흐르며 부는 것처럼 보이나
사유(思惟)하며 저마다의 길을 걷고 있다.

꽃 봄

꽃을
피워 내니
저편에 봄이 오나보다
잎이 먼저냐, 꽃이 먼저냐

늦둥이 되어
찾아든 봄볕이
익어가기도 전에
여름이 분탕질하니 내성을 갖고 살 밖에

시간과 세월이
디지털처럼 융합되어 산야를 할퀴니
木草는 꽃을 먼저 피운다.

왜 죽어

삶은
참으로 소중한 것인데
홀로 설 수도 없는 자식 두고
왜 죽어!

세상은
나보다 잘난 사람
나보다 못난 사람
아우르며 톱니바퀴처럼 사는 것인데
왜 죽어!

생명줄은
허공에서 흔들릴 때도
연실처럼 비비 꼬일 때도 있으나
이 또한 지나가는 것인데
왜 죽어!

푸념

뇌리에
남아있는 찌꺼기
모두 섭섭함으로 끈적거린다.

조금
핸들 꺾어 바라보면
사각지대는 아무것도 아니다.

내면의
창이 너무 좁아져 있어
안타까운 무게에 스스로가 짓눌려 있다.

그대가
네모난 창틀에 찾아들어
춤 추어주길 바라는 이기심의 발로이다.

조동순

- 아버지
- 종(鍾)
- 입주 무렵
- 풀란
- 나는 말문이 막혀버렸다

약력

- 경기도 출생
- 서울시청 사진동인
- 서울글사랑 동호회 회원
- 예띠시낭송회
- 시와세계회원
- 현)서북병원 근무

아버지

비단소 선산을 뒤로하고
용미리 왕릉으로 갈 수밖에 없었던
모든 것을 덮어주시듯
흰 눈이 쌓이던 백리길
가슴을 움켜잡고 통곡하던 고향
수 없는 세월이 흘렀건만
아직도 길이 멀기만 하네
몇 해 지나 달빛 밟고 되돌아오면
아버지 품에 안기려나
늘 푸르던 잣나무와 황토 흙 그대로일까

종(鍾)

울리는 것은 무채색이다
소리칠 수 없을 때 흩어지는 메아리가 있다
네가 외치는 것은 저 멀리 바다 건너에 있다

지금은 중력을 생각한다
가슴이 울리고 있는 것은 빛의 속도라 생각한다
만 개의 귀를 세우며 떨어지는 별을 헤는 중이다

종소리는 안개 속에 가려진 청심환이다
바람 타고 퍼져가는 뜬구름이다

입주 무렵

포장박스는 고향을 모르고 땀방울은 소금을 모릅니다.
그러기에 목적지는 오늘의 용달차를 모릅니다
용달차는 나를 모릅니다
답십리는 전농동을 모르고 단독주택은 청년들을
기억하지 못합니다

그래서 달리는 아스팔트의 하늘은
초록 나뭇잎일 수 없지요 그들은 날개가 없습니다
흘러가는 모든 것들을 가둘 수 없으며
모래알들도 소통일 수 없습니다

주택을 떠나온 오늘이 지나갑니다
장식장과 진열대는 자기의 생각을 모릅니다.
소장품들은 배치를 기다리는 대기자들입니다
거실창문은 날이 밝은 줄 모릅니다 그렇기 때문에
시간은 사람의 길을 기다려주지 않습니다

두고 온 그들은 기억으로만 담아야 합니다.
오늘밤도 널부러진 골동품을 만지작거려봅니다
보름이 지난 시간은 가슴이 아니기에
내 가슴에 부는 바람은 들판이 아니기에
흐트러진 앨범 앞에서 사라지는 기억을 되살려봅니다

풀란

풀란은 내가 서 있는 평평한 방바닥 위에
내 눈 높이보다 조금 더 높은 곳에
받혀져 있다

풀란의 잎은 녹색에 흰색줄무늬로
머리를 풀어헤친 듯 늘어져있다

진열장 위 도자기화분에 뿌리를 내리고
잎새는 길게 뻗었으나 가냘픈 몸매가
꺾이듯이 닿아있다

란 앞에는 내가 서 있고 란의 뒤쪽은
밝은 창문이 있는 벽이다
란은 그러나 나와 달리 화분에 담겨있다

나는 말문이 막혀버렸다

내 나이 일백에 부모도 없는 친정집을 갔는데

큰누님, 하고 부르는 소리에 가까이 다가가니 자식 같은
남동생이 술 한 잔 따라주며 투정을 부린다
이번 만남에는 일침을 가해 보려 했는데

오히려 말문이 막혀버렸다

나는 이제까지 뭐 때문에 사나 생각하니
동생들한테 술 한 잔 더 받을 일이 있어서였다

오늘도 그 생각 속으로 무작정 걷고 있다
가끔씩 생각들이 떠올라 허탈한 미소만이 흐른다

진 준 섭

- 너무 멀리 왔나 보네
- 지혜로운 삶의 길
- 우리는 그렇게 부른다

약력

· 현) 서울시 도시안전실 근무
· 서울글사랑 회원, 한국작가회의 회원
· 시집 : 『겨울 간이역』 외 다수
· 환경 동화 : 『방울이의 물사랑 이야기』
· 동인지 : 『맑고 푸른 세상 안고』 외 다수

너무 멀리 왔나 보네

흐르면서
길을 잃으니
너무
멀리 왔나 보네

추억이
아지랑이로 피어나
늘
머무르고 싶었던

그 언덕
버들피리
노래로부터

지혜로운 삶의 길

외로움의 긴 시간
누군가 홀로 걸었을
길을 걷는다

무거운 짐 내려 놓는
지혜로운 삶을 위해
산을 오른다

밀어 주고 끌어 주고
넓은 가슴 희망이 되기 위해
삶의 바다로 흘러간다

우리는 그렇게 부른다

꺾이고 휘어져 가도록
곁을 지키며 그늘이 되어줄 때
나무라 부른다

넓은 가슴으로 비바람 막아주며
가진 것 다 내어줄 수 있을 때
산이라 부른다

모두 지워져 버린 이름조차
그리움의 몸짓으로 부르며 흐를 때
우리는
강이라 부른다

한 선

- 꿈
- 껄떡거리고 있다
- 운동화
- 이별 여행

약력

· 서울글사랑 동호회 회원
· 서울시 의회 사무처 공보실 근무

꿈

별이 되고파

까맣게 타버린 가슴에
새살 돋게 하는 희망의 빛
그런 별

이웃의 아픔
일그러진 세상을
보듬고 바로 세우는
그런 별

추울 땐 남산골에 안기고
더우면 아리수에 미역 감고
해맑은 모습으로 반짝이며
행복을 키워가는

온 누리에
함께 살아가는 모든 것들에
희망이 되고 길이 되는

그런 별

깜깜한 절망 속에서도
한 줄기 희망으로
초롱초롱 빛나는
별로 살고 싶다

오늘도 난.

껄떡거리고 있다

낡은 창문 틈새로
스물스물 올라오는
그리움 하나
나를 껴안고
껄떡거리고 있다

냉랭함 뒤에
감춰진 푸근한 미소
따뜻한 말 한마디
나를 휘감고
껄떡거리고 있다

운동화

쓱쓱 싹싹
운동화 씻기고 있다.

나를 짊어졌던 수고로움
함께 했던 추억들이
뽀글뽀글
비누 거품속에 피어난다
한바탕 말간 물에서
헤엄치다가
장독대에 올라
뽀송하게 몸을 말린다

미지의 힘겨움을 잊은 채
다시
내일을 품으러
길을 나선다.

이별 여행

보슬보슬
비는 오는데
너를 떠나보내야 하는
이별여행을 해야만 했다

길가의 흐드러진 진달래
손을 흔들고
적석사 진도개가
우리를 마중나왔지

도란도란
쑥한다발 움켜잡고
추억을 다듬으며
어떤 시련이 닥쳐도
그려려니 하고
살자며
너를 보낸다

알지못할 미지의 세계로

허옥재

- 요리는 종합예술
- 그리움
- 너는 나의 희망

약력

· 서울글사랑 동호회 회원
· 서울시의회 공보실 근무(현)

요리는 종합예술

혀끝으로 느끼는 달콤, 씁쌀, 새콤한 맛
눈으로 보이는 알록달록한 색깔의 조화
귀로 들리는 아삭한 씹는 소리
마음으로 느끼는 만든 이의 정성

스트레스를 받는 날에는 아주 매운 떡복기 한 입,
사랑하는 사람이 생각날 때는 달콤한 케익 한 조각
지난밤 술에 지친 속을 풀어주는 얼큰한 짬뽕 국물
더위에 지친 입맛을 살려주는 시원한 냉면 한 사발
몸이 건강해지는 삼계탕과 전복죽

재료는 같아도
수십, 수백 가지 다른 모양과 맛으로
느껴지는 오묘한 조화

맛좋은 음식은
신선한 재료와 만든 이의 정성으로 버무려진다

먹는 즐거움에 행복감이 더해지고,
건강한 생활에 사랑이 피어난다

요리는 생을 위한 종합예술이다

그리움

사탕 옆엔
늘 어머니가 있다

어린시절 마실갔다 온
엄마 손에 쥐어진 사탕 하나

딸아이 눈에 밟혀 못 드시고
걸음 재촉해 오셨을 어머니

입 속에서 사르르르
녹아들던 달콤함

그건 사탕 맛이 아니라
어머니의 사랑이었다

그래서일까
사탕만 보면 하늘나라에 계신
어머니가 떠오른다

제아무리 맛있는 사탕이 있다한들
어머니의 온기가 느껴졌던
사탕 맛에 비할 손가

아! 그립다
그때의 사탕 맛이
어머니의 사랑이

생전의 어머니 모습이……

너는 나의 희망

봄 햇살처럼 어여쁜
수빈이는
엄마의 희망

새아침으로 세수한
맑은 미소와 초롱한 눈빛이
햇살보다 더 따스하고 아름답구나

그런 수빈에게
엄마는 어떤 존재였을까

문득 돌이켜보니
미안하고 부끄런 마음에
널 바라볼 수가 없구나

지나친 교육열로
맘껏 뛰놀아야할 어릴적부터
학교와 학원, 또 다른 과외수업으로
내몰았던 엄마

하지만 수빈아!
늦은 밤 무거운 책가방을 매고
웃음 가신 얼굴로 귀가하는 모습을 보면
가방 무게보다 훨씬 더
힘든 하루를 보냈을 거라는 생각에
엄마 마음도 아프고 무거웠어

이젠 더 이상
엄마가 그려 둔 안전지대가 아니라
수빈이가 꿈꾸는 미래를 향해
나아갈 수 있도록 징검다리가 되어줄게

사랑하는 내 딸이
진정으로 좋아하는 게 무엇인지,
꿈과 희망은 무엇인지를
너의 눈높이로 바라보고 응원할게

잘할 때는 박수를 쳐주고,
힘들 때는 용기를 주고,

아플 때는 상처를 어루만져주는
그런 엄마가 되어 줄게

수빈아!
너는 나의 햇살이요,
영원한 희망이란 것만은
잊지 말아주길 바란다

수필

김 광

- 동굴(洞窟)에게

약력

· 시인, 수필가
· 국제펜크럽한국본부회원, 한국문인협회회원
· 월간 '광장' 편집위원
· 저서 – 시집 : 『환청』 외 다수
　　수필집 : 『하루에서의 하루』 외 다수

동굴(洞窟)에게

불빛은 기대하지 말게. 어둠에 익숙해지면 오히려 편안해질 걸세. 혹시 모르지. 아무 기척도 없는 적요(寂寥)의 동공(瞳孔)이 자네를 쏘아볼지도, 내 그럼 가끔씩 '바스락' 소리를 내며 자리를 옮겨 앉아 자네가 혼자 있는 게 아님을 알려줌세. 시도 때도 없이 자네를 찾아와 이렇게 뒤척이다 가는 것도 족히 십 년은 넘었나 보네. 그러고 보면 우리 인연도 보통은 아니군. 그래도 어쩌겠는가? 마음 가는 대로 해야지. 오늘은 또 어쩐 일이냐고? 아버지가 생각나서 왔다네. 여기 오면 아버지의 웃는 얼굴이 보일 것만 같아서 말이야.

어렸을 적, 아버지는 날 자전거 뒤에 태우고 자랑스레 동네를 돌곤 했었지. 나뿐만이 아니라 우리 형제들 모두를 그렇게 키웠다네.

아버지는 당신 자식들만이 최고였지. 자식들을 빼면 당신의 삶은 아무 것도 아닌 분이었어. 사업가적 기질도 뛰어났지만, 필체도 좋고

글 쓰는 것을 무척 좋아해서 '가정 문고'라는 걸 만들어 우리에게 원고를 제출하게도 했다네.

그런 아버지였지만 시련도 있었지. 잘나가던 해운업이 도산하고 만 거지. 하는 수 없이 어머니 대신 집안 살림을 도맡아 할 때도 말 수는 적었지만 그래도 늘 인자하신 아버지였다네. 자상하게 얘기도 해주고 소풍 갈 때면 김밥도 싸 주시던 아버지는 술이 거나하면 <목포는 항구다>라는 노래를 즐겨 불렀지. 아버지의 이러한 인간적인 모습들이 후일 나의 사고(思考)에 많은 기여를 하였음은 두 말할 필요도 없고,

난 오늘 삼십 년 동안을 품고 살아온 딸애의 손목을 웃음도 하얗고 피부도 하얀 녀석에게 넘겨주고 말았네. 딸애의 손을 잡고 식장에 들어가는데 왜 그렇게 다리가 후들거리던지, 참 요즘 애들은 별나게도 결혼식을 하더군. 날짜도 성탄절 전날이고 주례도 없이, 그래도 눈 오는 선상(船上) 카페에서의 낭만만은 괜찮았다네. 축시가 낭송되고 행사가 진행되는 동안 난 계속 두리번거렸네. 아버지를 찾느라고 말일세. 분명 어디선가 보고는 계실 것 같은데 끝내 그 모습을 보여주지 않아서 서운하고 외루웠다네. 아마 어머니도 같은 심정이었을 거야.

정작 식이 끝나자, 딸이 더 이상 날 따라오지 않고 자기 시댁을 좇이기더라고. 그제야 실감이 나더군. 괜히 억울하고 허망한 심정을 자넨 짐작하겠나? 코끝이 찡하며 아버지가 너무 보고 싶은 거야. 그래

서 여기라도 와 아버지를 불러 보려고……. 하긴 아버지가 계신들 무슨 말을 하겠나? 고작해야 어깨를 두드리며 “애썼다, 일찍 자거라.” 하는 말 외에는, 그런데 어쩐 일인지 보이지를 않아. 눈부터 감기시던 아버지의 웃음도, 훤칠한 키도 도통 보이지를 않아. 마치 블랙홀이나 무저갱이 모든 걸 다 흡수해 버린 것처럼 아득한 혼돈만이 머리에서 감돌 뿐이야. 이제야 말이네만 결혼식이 끝나고 집에 올 때도 운전이 수월치는 않았네. 눈(雪)도 많이 왔지만 자꾸만 눈시울이 흐려져 왔거든. 딸에게 잘 해 주지 못한 것만 생각이 나서 견딜 수가 있어야지. 뒷좌석에 앉은 어머니만 아니면 난 소리 내 울고 말았을 거야.

언제부턴가 난 내 안에 깊은 동굴을 하나 파기 시작했어. 힘든 일이나 슬픈 일이 있으면 으레 그 동굴로 들어가 꽁꽁 숨어 버렸지. 그 동굴의 형상이 바로 자네야. 아무도 들여다보지 않는 자네 품에 안겨 있으면 위로가 되었거든. 오늘 여기 온 것도 허전한 마음에 위로도 받을 겸 아버지를 추억하고 싶어서야. 그러면 마음도 편해지고 나름 새 힘을 얻을 수 있을 것 같았거든. 아버지가 즐겨 부르던 <목포는 항구다>도 흥얼거려 보고, 바바리코트에 중절모를 멋지게 쓴 아버지가 어머니와 팔짱을 끼고 찍은 사진도 떠올리고.

그런데 아버지의 웃는 모습이 잘 생각나질 않더라고. 눈을 감아 보았지. 저 앞에서 희미하게 보이는 빛이 아버지라는 생각에 다가가려 해도 시멘트 바닥을 훑고 지나가는 대기와 함께 처진 어깨를 하고 그냥 이곳을 빠져나가시는 거야. 내가 그만 깜박 졸았나? 자동차 시트를 뒤로 젖히고 누워 있다 보니. 모르지. 졸다가 몽롱해진 의식이 주차장을 빠져나가는 다른 차량의 불빛을 잠시 착각했는지도, 어쨌든 난 여기만 오면 편해진다네.

과연 내가 파 놓은 동굴은 내게 어떤 의미를 주는 걸까? 사회생활을 하면서 겪고 싶지 않은 일을 겪거나, 감당하기 힘든 일이 생기면 나도 모르게 찾아오는 곳, 가끔이긴 하지만 혼자만 웃고 싶을 때도 찾아오는 곳…….

한마디로 단정 지을 수는 없겠지. 그 동굴은 태풍을 피하는 포구도 될 수 있을 것이고, 전투에 밀린 패잔병이 멀리 민가를 발견하고 있는 힘을 다해 기어가서 얻는 빵 한 덩이와 물 한 모금일 수도 있겠지.

혼자 그리워하고, 혼자 속상해하는 나는 동굴이 피난처이기도 하지만, 힘과 에너지를 주는 샘터이기도 하다네. 물론 그 안에서 이루어지는 과정이 고독하긴 하지. 하지만 이 지하 주차장의 좁은 차 속은 나를 한없이 침잠(沈潛)하게도 하고 때론 새로운 옷을 입혀 주는 나만의 내밀하고 소중한 방이 되어 주기도 한다네. 마치 포근하고 친밀한 고향 집과도 같이 말이야.

살다 보면 전에는 채워져 있던 자리들이 문득 비어 있는 걸 발견할 때가 있다네. 그러면 괜히 서럽고 눈물이 나지. 산다는 게 다 그런 게 아닌가,

삶이 그런데, 그 삶을 살아 내는 인간이 그런데, 자신만의 동굴 하나쯤은 파 두어야 하지 않겠나? 그 동굴에 굳이 불빛은 필요 없겠지? 어두운 곳에서 사람은 더 많은 걸 볼 수 있다네. 그것도 더 멀리.

앞으로도 나의 방문은 계속될 걸세. 자주 오더라도 구박은 말게. 이만 올라가서 커피라도 한 잔 마시고 출근해야겠네. 못 다 푼 사연은 다음에 또 씀세.

밖은 그새 희붐한 새벽빛이 베란다 창가로 몰려와 있을 걸세.

*문채 : 춘천문학 동인회

고로쇠 나무

금시아

손가락만 한 고무호스에
급소를 포박당한 맨살의 나무들
그들의 동맥이 공격을 당한다

바람만 무성한 깊은 숲 속 곳곳에
길 한 귀퉁이에 서 있는 헌혈 앰뷸런스처럼
구석구석 통들이 정박해 있다

굵은 고무주사 바늘에서
쉴 새 없이 솟구쳐 나오는 핏방울들
통 속 가뜩 그 혈액들이 고이면
유조차 같은 탱크 트럭 유유히 사라진다

마른 팔다리의 모세혈관까지
남은 젖 꾹꾹 짜내는 자동 착유기
그 피눈물의 착취가 시작되는 나무의 체감온도는
시베리아 허허벌판
오오 제발, 제발 치명적인 과다출혈만은……

수탈된 식민지 숲의 낭자한 유혈들
그 거룩한 피는 도시로 도시로 도시로
어떤 불치병 환자들에게 수혈 되는가

나는
도시의 환자
오염된 내 지방의 과다출혈을 위해
한증막 응급실에서 수혈
수혈 중이다

산수유 꽃망울들 몸을 여는 눈빛에 점점 가빠지고 있는 숲의 숨소리

침묵하던 저 저항군의 카리스마
고로쇠나무들
하나 둘 창백한 눈꺼풀 치켜 올리고 있다

약력

· 제3회 여성조선문학상 대상(2011) 제20회 강원여성문예대전 시부문 차상(2011)
· 제40회 대한주부클럽 신사임당의날 기념예능대회 시부문 차하(2011)
· 제9회 환경부장관상 전국여성백일장 차상(2010) · 문채동인

그네

김계순

큰 아들의 깜짝 선물 그네에 앉아
날마다 가꿔 온 꽃밭을 본다

소리 없는 나팔로 향수 뿜는 백합들
페튜니아, 한련, 천일홍, 백일홍

꽃들의 웃음 속에 춤추는 나비
저 나비 날개에 내 마음 얹어
꿈같은 그와 나의 꽃 시절로 날아 간다

그때 그이가 아기 위해 노끈 얻어다
그 사랑 그물처럼 엮어 만든 그네 속에서

여름내 밤낮 나비잠 자던 우리아기
그 아들 오늘 나에게 선물을 했다

원목으로 만든 아들의 그네에 앉아
하늘에 숨겨둔 별 같은 '시' 따 보라고

약력

· 춘천평생교육정보관문예창작반수료 · 개나리 호수제 장원(1969)
· 2008 시집『그리운 얼굴』출간 · 문채문학 동인

생(生)

김병택

살로 이은 생명줄
천국 살다가

번개 치는 날
억지로 떠밀려
苦海에 눕는다

바다 깊은 곳 같은
눈망울 속에
그 분이 보였다

먼저 세상 속으로
뛰어든 그 눈이
나에게 말했다

나와 같이 가자

약력

· 춘천 출생 · 경희대 산업대학원 임학석사
· 산림청 임업연구사 · 춘천여중 교감 역임
· 한국은퇴자협회(KARP) 시니어강사 · "수필시대" 등단 (2011) · "문채" 문학 동인

무지개 아저씨

김유진

뉴스를 진행하는 시각장애인 앵커
점자로 세상 이야기를 전해주는
파란 새싹의 낭랑한 그 목소리,
해맞이 달려온 내 뒤를 따라
꿈속 내 둥지를 헤치고 들어온 앵커의 목소리
엊저녁까지 응어리졌던 가슴이
해맑은 목소리로 환히 열린다

그가 보여준 내 유년의 꿈속 풍경화 한 점
오체, 육감이 버젓이 살아있어도
방황과 좌절로 헤매는 나를
희망의 끈으로 건져준, 풍경화 속 그 아저씨
"보, 남, 파, 초, , , , 너무 곱지!"
감겨진 그 깊은 마음의 눈으로 무지개를 보던
무지개 아저씨*

* 무지개 아저씨 : 6·25 전선에서 실명한 상이용사

오늘 아침 아저씨를 닮은 점자 앵커가
계사년 문고리를 열고 들어와

내 소망의 수첩 펼쳐 보인다
일곱 빛깔 무지개, 그 색으로

약력

· 황해도 신계 출생 · 방송통신대학교 농학과 중문과 졸업
· 강원도공직 정년퇴임 (농업연구관)
· "자유문예"시 등단(2010) 춘천문협회원 · "문채" 문학동인 회장

소금꽃

김정미

불같이 뜨거운 여름
햇살의 묵묵한 삽질 따라
바다의 두근거림은
한 때 기다림을 가두어 피게 한 그녀가 살던 소금밭이었다
기다림의 더딘 시간들은 바다의 심장을 열기 위해
소금밭에 찍힌 염부의 부지런한 발자국을 따라갔다
바람이 어루만지는 곳마다 피어나던 삶의 소금꽃
한 때는 누구나 두근거림이었을
희고 빛나던 생의 투명한 시간들이었다

오늘처럼 무심히 바람이 부는 날
그녀가 묻힌 햇살 무덤 찾아
바람의 날개를 빌려 짭조름히 눈물로 열린
소금꽃 한 다발 놓고 온다

약력

· 강원대학교 대학원 국어국문학과 수료
· 동서커피 최우수상
· 계간 수필 등단 · 문채동인

탄금대

박기성

우륵의 가야금 소리 늦은 안개 타고 흐르는데
소리 타고 오는 소리꾼들, 소리에 너울댄다
함께 추다 강가에 둘러앉아 한 잔 술에 푹 젖고

신립의 마지막 애내성(欸乃聲)
8,000 병사 아수라 저! 비명소리!

소리에 겹쳐 들려 갈잡지 못해

청포알 같은 그 푸르름은 마지막 숨을 헐떡이며
신립의 충절은 오늘도 쪽빛이다

망국의 한은 가야금 소리에 두둥실 떠
내 울적한 마음속으로 두드리며 들려온다

약력

· 원주 신림중학교장 역임 · 교육부 러시아 타슈겐트 한국교육원 부원장 역임
· 가정법률상담소 '가정의 달 편지쓰기' 공모 대상(2012)
· 수필문학 등단 · 문채문학동인

시간의 가시

박정완

시집 간 딸은
나의 발뒤꿈치 같은 삶을 보아 왔다

오랜만에 예쁜 딸을 안고 찾아 온 그 딸
나의 머리 맡, 끙끙대는 영혼 세계에 눈길 멈춘다
별빛 머무는 작은 방안은 온통
기를 불사른 A4 휴지 조각들 세상이다

타고 남은 잿더미 속에
시간의 가시가 곤두 선 한 장의 시
시라는 글귀 잡고
싹싹 그은 검은 펜 자국이 기 죽이기를 반복하는데

"이건 왜 그랬어" 묻는다
"으응 내가 시를 배우고 있는데…"
나의 모기처럼 기어들어가는 목소리가
한 장의 시 작품 속에서 갈짓자로 비틀거린다

"엄마! 나이가 몇인데 시는 무슨 시를 쓴다고 그래!"
딸은 힐끗
빨갛게 그을은 엄마의 나이테를 매만지듯
대추씨처럼 작아진
나의 몸을 부둥켜안고 엉엉 소리내어 운다

시간의 가시가 곤두박질치는 나의 詩
그 詩라는 글 머리에
나는 단호한 날을 세운다
낮달에 쫓기던 해가 아픈 듯이 기우는 저 산…

약력

· 춘천 출생 · 강원도 공직 정년퇴임(서기관)
· 문학마을 시 등단(2010) · 공작산문예축전 백일장 큰상 (2011)

마흔 살의 고백

박지영

해묵은 수첩 안
빽빽하게 자라는 그의 나무들
잎사귀는 파르르 떨리고
구불구불한 내 나이테가 풀어가는 이야기들
그에게 들려주고 싶었다

그러나 나는 어른처럼 앉아있었다
내 귓바퀴에 감기는
졸졸졸 흐르는 물소리, 그 물소리 같은
목소리를 가만히 듣고 있었다

가슴이 두근거린다
심장은 경계를 넘나들었다
살짝감은 그의 속눈썹 위로
나비 한 마리
날개를 접었다 폈다 한다

바람이 지나다니는
낯익은 그의 뒷모습
슬로우비디오처럼 길이 흘러가면
하얀나비 한 마리 미로를 헤매듯
내 눈앞을 스쳐지나간다

천천히
아주 천천히

약력

· 춘천평생교육정보관 문예창작반 수료
· 이효석백일장, 환경백일장 수상 · 문채문학 동인

여행

사혜나

비에 감염되어 파르스름하게 돋아나는 새벽
안단테 안단테
산 비탈진 곡선 위로 자동차 한 대가 굴러간다
끝이 보이지 않는 시간을 향해

꼬리를 내리며 자욱하게 사라지는 길들

포구에 닿아
양쪽날개 비에 젖어도
끝없이 공중으로 날아오르는
한 무리의 바닷새들
그 꿈의 선율을 몸으로 닦는다

바다를 연주하는 빗방울들
포르테에서 피아니시모로 바뀌고
비와 태양을 거느린 아리스의 무지개 같은 전설이

하늘과 바다 사이에
일곱 개의 아치형 다리를 놓는다

약력

· 강릉대학교 음악과 졸업 · 춘천평생교육정보관 문예창작반 수료
· 2011 이효석백일장 수상 · 문채문학 동인

대금소리 설악을 품다

엄인옥

푸르다 못해 검은 십이선녀탕
한쪽 날개 부러진 나비 한 마리
선녀가 목욕하듯 부표처럼 떠 있다
딱 한번 접었다 펴곤 기진한 긴꼬리제비나비
물방울에 매달려 절규하는 몸짓
반석 위에 앉은, 고사목의 연금술사처럼
나는 본다, 설악이 품은 저 대금소리를

그녀 눈동자가 환영(幻影)에 잡히는 순간
계곡물 다 퍼낼 듯 손짓 가파르고
아이가 불던 대금소리 물길 거슬러
긴 꼬리 휘어 돌다 물꽃으로 흩어지는 나비
큰 징소리 지난 자국, 그 스무 해
철퍼덕, 마른 눈에 두문폭포 같은 눈물
한조각 날개 부여잡고 삼단전 끌어 올린 혼
암반위에 툭 떨어지는 더듬이, 그 대금소리
거뭇하게 혼절하고, 또 혼절하고

갈맷빛 나뭇잎, 부표위에 기댄 몸
빠른 물살에 문드러진 가슴 곤두박질친다
가쁜 숨의 끝, 열두 폭의 끝은 어딘가
대승령이 손짓하듯, 나비는 하늘을 날고
초점 잃은 동공은 복숭아폭포 속으로 휩싸인다
공룡능선 1275봉의 운해 같은 그녀 가슴
제 몸 오롯이 내어 애달프게 우는 대금소리 굽이굽이 휘감는다

약력

· 한국방송통신대국문과재학 · 전국 효석 백일장 시부문 최우수상(2009)
· 해가람 여성문예공모 대상(2011) · 강원여성문예경연대회 시부문 수상(2011)
· 신사임당 백일장 차하(2013) · 문채문학 동인

종소리

오경자

덩그렁 덩그렁 --
너와 나
두 손 모으고 기도하던
고향, 그 교회의 마루방
어느 날엔가
사라져 가는 종탑
가슴에 세우고
떠나온 고향

수없이 피고 지는
코스모스 얼굴 사이로
이민간 너의 모습 스쳐가고
낙엽지는 가을 들길에서
너의 이름 불러본다

오랜만에 고향에서
주소 적힌 사진 한 장
돌고 돌아오며

나 하늘을 향해
종탑의 줄을
길게 당긴다
덩그렁 덩그렁 덩그렁 덩그렁 렁렁 렁렁렁--

약력

· 수필문학 등단(2003) · 춘천평생교육정보관 문예창작반 수료
· 문채문학 동인

나와 귀뚜라미

이광호

아버지가 변소 간 틈을 타,
담배 두 개피 훔쳐서
방앗간 뒤편에서 연기를 뿜는데,
먹구름 사이로 둥근 달이
뛰듯 달리는 것이었다
철판 지붕 아래서
울고 있는 귀뚜라미
빙그르르 목이 메었다

어머니가 졸고 있는 틈을 타,
참깨 서너 되박을 훔쳐서
공단 잡철더미에 기대어 연기를 뿜는데,
달이 천리를 좇아와 내려다보고
구름만 물살처럼 달리는 것이었다
잡철더미 속에서
울고 있는 귀뚜라미
날 샐 때까지 잠들지 못했다

먼 길 돌아와
밤 하늘을 돌아보니
달과 구름은 제각각
제 갈 길로 가고 있는 것이네,
창가에서 울고 있는 귀뚜라미도
날이 새면 그치겠지
흔적도 없이,

약력

· 사업가 · 17회 김유정 기억하기 문예공모 산문 우수상
· 18회 김유정 기억하기 문예공모 시 장려상
· 25회 남양주 다산문화제 백일장 시 장려상 · 문채문학 동인

해, 저 붉은 얼굴

이영춘

아이 하나 낳고 셋방을 살던 그 때
아침 해는 둥그렇게 떠 오르는데
출근하려고 막 골목길을 돌아 나오는데

뒤에서 야야! 야야!
아버지 목소리 들린다

"저어---너---, 한 삼 십 만 원 읎겠니?"

그 말 하려고 엊저녁에 딸네 집에 오신 아버지
밤새 만석 같은 이 말, 그 한 마디 뱉지 못해
하얗게 몸을 뒤척이시다가

해 뜨는 골목길에서 붉은 얼굴 감추시고
천형처럼 무거운 그 말 뱉으셨을 텐데

철부지 초년생, 그 딸
"아부지, 내가 뭔 돈이 있어요?!"

싹둑 무 토막 자르듯 그 한 마디 뱉고 돌아섰던
녹 쓴 철대문 앞 골목길,

가난한 골목길의 그 길이 만큼 내가 뱉은 그 말,
아버지 심장에 천 근 쇠못이 되었을 그 말,
오래오래 가슴 속 붉은 강물로 살아
아버지 무덤, 그 봉분까지 치닿고 있다

약력

· 강원 평창 봉평 출생, 경희대 국문과 및 동대학원 졸업
· 1979 "월간문학"으로 등단
· 시집 : 『슬픈 도시락』, 『시간의 옆구리』 시선집 『들풀』, 『봉평장날』 외 다수
· 수상 : 〈윤동주문학상〉, 〈강원도문화상〉, 〈시인들이 뽑은 시인상〉
〈대한민국 향토문학상〉, 〈제1회 인산문학상〉, 〈고산문학상 대상〉

동숙

이옥순

시의 꽃을 피우는 그녀들과
인연의 끈을 묶어 동숙을 한다
오래된 묵은지처럼 깊은 맛 나는 그녀는
방에 들어서면서부터 약봉지부터 찾는다
“아니 아까 약 드셨는데 또 드세요?”
동그란 내 눈은 약봉지에 가 있다
“응, 아까 먹은 약은 다리 아픈 약이고
이건 비아그라야!”
팔십이 넘으신 그녀의 은빛 재치에
온 방안은 까르르
한바탕 박산 튀긴 난장이 된다

팝콘같은 꽃잎 휘날리는 사월에
밥 냄새 나는 그녀들의 외출복은
세월 저편 추억의 한 모퉁이에서 펄럭이고
몇 번의 접시가 깨어지는 그녀들의 맛깔 나는 입술들은
가슴 속을 x-ray처럼 훤하게 들어내어 놓고
짭쪼롬한 장아찌 맛을 남긴다

그녀들과의 동숙
레몬맛 같이 톡톡 튀는 또 한 명의 그녀는
밤새도록 꿈의 대화를 낮의 시처럼 읊어댄다
나는 그 소리를 듣느라 까만 밤을 하얗게 비워냈다
아침에 세면대 거울에 비친 낯선 얼굴이
비시시 웃고 있다
까만 밤을 하얗게 비워낸 사연을 덕지덕지 묻히고

약력

· 한국방송통신대학 국문과 졸업
· 춘천평생교육정보관 문예창작반 수료

반란

정애련

술 권하지 말아요 까~만 밤에만 먹지요
어둠에 짓눌려 수축되는 몸
구겨진 혈관들이 길을 막아
칙칙한 얼굴에 홍조를 입혀요
감싼 손 안에서 활활거리는 두 볼은
오래전 어느 한 날의
발그레한 수줍음에 입김 넣지요
들여다 봐도 묵은 기억의 이야기
안개 속 풍경처럼 뽀샤시 해 보일 뿐
오늘이 가장 예쁘다는 어느 배우의 토크
내일이면 다시 오늘이 되는
그녀에겐 늘 오늘만인 나날들
주절거림은 정거장 없는 철길
매달린 두어 개의 객실은 텅 비어 있어요
잡음으로 영글은 고뇌는 술 한 잔이 딱!
근데 알런지요
입 속 미끈거리는 모래언어들의 분뇨
덕지덕지 발목을 엉기는 개흙

까~만 밤이 소스라치게 다시 그리운
뿌연 입자 흐트는 버석버석한 뒷모습
신문지로 북북 닦은 유리 저 편 풍경들에
그런 아침이 스멀거리고 있다는 거
영원한 밤은 쩌~기 한참 먼 곳이라 안 보여요

약력

· 가평 미술협회 회원 · 겸재 진경미술대전 초대작가
· 춘천평생교육정보관 문예창작반 수료 · 문채문학 동인

서예

조현묵

바위가 내 집이다
바위를 쪼아 새긴 붓질
수천 년 그 자리를 지키고 있다

생김새가 다른
발가락 춤을 추며
한지 위를 누빈다

머리 쫑긋 묶고 걷는 놈
한 발로 뛰는 놈
머리 풀고 나는 놈
먹을 갈아 마시고

한지 위에서
행서, 해서, 전서, 예서가
손 안에서 울음을 터뜨린다

약력

· 한비문학 시, 수필신인상 등단 · 한비작품 문학상 · 한국 한비문학회 회원
· 강원수필문학회 회원 · 강원문협 · 춘천문인협회 회원
· 춘주수필문학회회원 · 문채문학 동인

빈 집에 핀 봄 별꽃

현종길

봄은 쪽파 밭에서 온다
밖이 생기가 돌수록 안은 슬프다
낮은 자세로 활짝 반기는 봄동잎이
어머니 텃밭에 한 살림을 차렸다.
그 봄동잎처럼 달착지근했던 추억 한 갈피
봄동잎 한 장씩 전을 부쳐 봄을 씹으면
향기롭게 겹치는 엄마의 실루엣
이른 봄 별꽃 느타리버섯 무침과
토하 달래 간장에 배릿한 냄새 한 움큼
조각보 만들 듯 어울려 살라던 그 목소리
어머니 기억을 불러내려 해도
쪽파처럼 금이간 창틀조차 내력을 입 다문다
그 창틀에 감춰둔 꽃골무만한 비밀들
쌉소롬한 그 향은 아직도 현재 진행형인데
이제 집은 대를 잇는 곳이 아닌지…
빈 집 행간에서 바람만이 여유롭게 머룬다
겨우내 몸을 낮추고 냉기를 이겨낸
봄동잎을 만져본다

한평생 낮게만 살아오신 내 엄마의 지문같은 생
그 생이 풀린 올처럼 눈에 밟힌다
정지된 주방에 빨건 녹은 시간 그 너머를 셈 하는듯
주인 없는 그릇들만 빛과 어둠에 살을 부빈다
밥 숟가락의 문제로 콕콕콕 쪼아낸 말들
용서를 구하는 나의 언어들이 목안에 가시로 걸려
목젖이 펄펄 끓어 오른다
어머니 길 떠나신 별꽃*만 가득한 집

* 별꽃 : 곰방부리의 방언

약력

· 1954년생 · 방송통신대학 국문학과 졸업 · 제42회 신사임당 전국문예예능대회장원
· 제17회 김유정 기억하기 전국문예작품공모 우수상 ·제32회 이효석 백일장 장려상
· 제12회 혜산 박두진 전국 백일장 가작 · 문장21 시부문신인상등단(2013)
· 대한주부클럽 신사임당 시문회 회원 · 문채 문학 동인

서울글사랑 걸어온 길

년 도	날 짜	활 동 내 용
2004	3. 30	동호인 7명으로 첫 출범
	12. 27	동인지 제1집 〈아침 수평선〉 발간
2005	6. 24~25	시낭송 제100회 기념 행사 개최 및 다산생가 탐방 속초 서울시공무원수련원 MT
	9. 28	동인지 제2집 〈맑고 푸른 세상 안고〉 발간
2006	12. 10	동인지 제3집 〈태평로에 은행잎 날릴 때〉 발간
	12월	서울을 생각하는 사람들의 모임과 공동시집 〈서울④〉 발간, 시낭송회 개최
2007	12. 14	동인지 제4집 〈하얀 아침의 명상〉 발간
	5. 26	꿈꾸는 청소년 초청, 한강 선상 만남의 날 행사 개최 새터민 청소년 초청 한강 행정선에서 시낭송회, 서울숲 관람, 승마 시승 등
2008	11. 30	동인지 제5집 〈숲으로 난 창문〉 발간
2008. 12. 17~ 2009. 1. 10		서울글사랑 시화전 개최 〈섬 갤러리〉
2009	12. 21	동인지 제6집 〈서울이 거기에 있네〉 발간
2010	3. 6	소곤소곤 문학기행 개최 〈경기도 양평 연수리〉
	10. 23	아동복지시설 봉사활동 및 운동기구 기증〈마포 삼동소년촌〉
	6. 21~28	남산순환로 시화전 개최 〈남산자락에 피어난 시심의 물결〉
	11. 23	동인지 제7집 〈티베트의 기도〉 발간
	12. 13~19	서울시 시진동호회와 공동 시화전 개최 〈서울시의회 본관 로비〉
2011	7. 22	동인지 제8집 〈그대를 위한 한 편의 시〉 발긴
	9. 16~17	2011년 서울글사랑 동호회 MT 및 시낭송 개최 〈경기도 양평 항금리〉
	10. 16~28	나눔으로 행복한 시화전 및 입원 환자를 위한 문학 강좌 개최 〈서울시립 서북병원〉
2012	4. 20~21	춘천문학동인회(문채)와의 교류 및 김유정문학관 탐방 공동 시 낭송회 개최
	6. 22	동인지 제9집 〈내 마음엔 천 개의 강이 흐르고〉 발간
2013	4. 20~21	제4회 서울글사랑 동호회 소곤소곤 문학기행 춘천 문학동인회(문채) 초청 시창작 특강 및 시낭송회 개최, 윤동주 문학관 및 경복궁 탐방
	7. 20~ 8. 20	뚝섬전망문화콤플렉스 시화전 개최
	8. 30	동인지 제10집 〈구두를 벗으며〉 발간

시화전

서울시의회 본관 갤러리

뚝섬전망(자벌레)문화콤플렉스

섬 갤러리

남산순환로

서북병원

문학산책

덕수궁 돌담길

서울시청 뜨락

서울유스호스텔

서울시의회 로비 갤러리

문학강좌

서울유스호스텔

서울유스호스텔

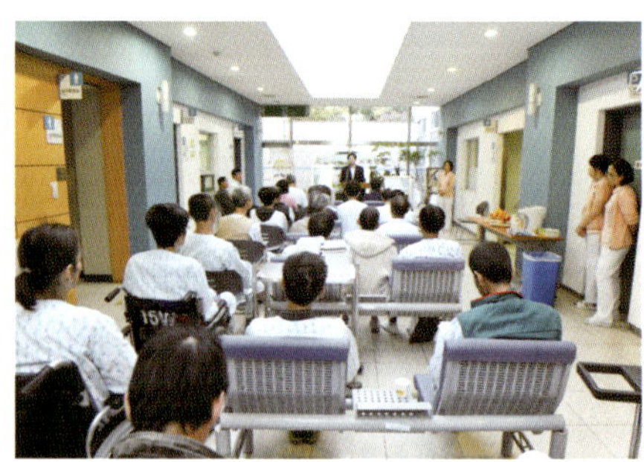

서북병원

서울유스호스텔

경복궁

윤동주문학관

김유정문학관

남산조지훈 시비

속초 서울시공무원수련원

얼굴박물관

춘천 북카페

용문

김유정문학관

봉사활동 참여

사랑의 연탄 배달

독거노인을 위한 열무김치 담그기

마포구 상암동 삼동소년촌 환경미화

노원구 중계동 도배공사

양천 수해지역 복구작업